Die Verwandlung

The Metamorphosis

[Bilingual Edition]

German – English

by Franz Kafka

Translated by Möwenstein

ISBN: 979-8-89513-214-2

Original text: *The Metamorphosis* (1915) by Franz Kafka (1883-1924)

This bilingual edition—including translation, editorial revisions, formatting, and supplementary content—is produced and edited by Mowenstein Books LLC, with the original text faithfully reproduced from public-domain sources.

While every effort has been made to ensure accuracy, minor discrepancies may occur. Readers are encouraged to consult the original text for reference.

Cover Art: Inspired by *Hustling Sunlight* by Matthew Bakkom (www.hustlingsunlight.xyz)

Möwenstein Books™ is a trademark of and imprint published by Mowenstein Books LLC.

For permissions or inquiries:

Website: mowenstein.com
Email: copyright@mowenstein.com

Mowenstein Books LLC
DE, USA

Contents

Kapitel 1

Chapter 1

1.1 Als Gregor Samsa eines Morgens aus unruhigen Träumen erwachte,

When Gregor Samsa awoke one morning from restless dreams,

1.2 fand er sich in seinem Bett zu einem ungeheueren Ungeziefer verwandelt.

he found himself transformed into a monstrous vermin in his bed.

1.3 Er lag auf seinem panzerartig harten Rücken und sah, wenn er den Kopf ein wenig hob, seinen gewölbten, braunen, von bogenförmigen Versteifungen geteilten Bauch, auf dessen Höhe sich die Bettdecke, zum gänzlichen Niedergleiten bereit, kaum noch erhalten konnte.

He lay on his hard, armored back and, when he lifted his head a little, saw his bulging, brown belly, divided by arched stiffeners, at the height of which the comforter, ready to slide down completely, could barely hold itself.

Seine vielen, im Vergleich zu seinem sonstigen Umfang kläglich dünnen Beine flimmerten ihm hilflos vor den Augen.

His many legs, pitifully thin in comparison to his usual girth, flickered helplessly before his eyes.

1.4

»Was ist mit mir geschehen?«, dachte er. Es war kein Traum.

"What has happened to me? ", he thought. It wasn't a dream.

2.1

Sein Zimmer, ein richtiges, nur etwas zu kleines Menschenzimmer, lag ruhig zwischen den vier wohlbekannten Wänden.

His room, a real human room, just a little too small, lay quietly between the four familiar walls.

2.2

Über dem Tisch,

Above the table,

2.3

auf dem eine auseinandergepackte Musterkollektion von Tuchwaren ausgebreitet war –

on which an unpacked collection of cloth samples was spread out –

2.4

Samsa war Reisender –

Samsa was a traveler –

2.5

hing das Bild, das er vor kurzem aus einer illustrierten Zeitschrift ausgeschnitten und in einem hübschen, vergoldeten Rahmen untergebracht hatte.

hung the picture he had recently cut out of an illustrated magazine and placed in a pretty, gilded frame.

2.6

2.7 Es stellte eine Dame dar, die mit einem Pelzhut und einer Pelzboa versehen, aufrecht dasaß und einen schweren Pelzmuff, in dem ihr ganzer Unterarm verschwunden war, dem Beschauer entgegenhob.

It depicted a lady wearing a fur hat and a fur boa, sitting upright and holding a heavy fur muff, in which her entire forearm had disappeared, towards the viewer.

3.1 Gregors Blick richtete sich dann zum Fenster,

Gregor's gaze then turned to the window,

3.2 und das trübe Wetter –

and the cloudy weather –

3.3 man hörte Regentropfen auf das Fensterblech aufschlagen –

you could hear raindrops hitting the sheet metal of the window –

3.4 machte ihn ganz melancholisch.

made him quite melancholy.

3.5 »Wie wäre es, wenn ich noch ein wenig weiterschliefe und alle Narrheiten vergäße«, dachte er, aber das war gänzlich undurchführbar, denn er war gewöhnt, auf der rechten Seite zu schlafen, konnte sich aber in seinem gegenwärtigen Zustand nicht in diese Lage bringen.

"How would it be if I slept a little longer and forgot all my folly," he thought, but that was quite impracticable, for he was accustomed to sleeping on his right side, but in his present state he could not put himself in that position.

3.6 Mit welcher Kraft er sich auch auf die rechte Seite warf,

No matter how hard he threw himself onto his right side,

immer wieder schaukelte er in die Rückenlage zurück. 3.7

he kept rocking back onto his back.

Er versuchte es wohl hundertmal, schloß die Augen, um die zappelnden Beine nicht sehen zu müssen, und ließ erst ab, als er in der Seite einen noch nie gefühlten, leichten, dumpfen Schmerz zu fühlen begann. 3.8

He must have tried a hundred times, closing his eyes so as not to see his wriggling legs, and only let go when he began to feel a slight, dull pain in his side that he had never felt before.

»Ach Gott«, dachte er, »was für einen anstrengenden Beruf habe ich gewählt! 4.1

"Oh God," he thought, "what a strenuous job I've chosen!

Tag aus, Tag ein auf der Reise. 4.2

Day in, day out on the road.

Die geschäftlichen Aufregungen sind viel größer, als im eigentlichen Geschäft zu Hause, und außerdem ist mir noch diese Plage des Reisens auferlegt, die Sorgen um die Zuganschlüsse, das unregelmäßige, schlechte Essen, ein immer wechselnder, nie andauernder, nie herzlich werdender menschlicher Verkehr. 4.3

The business excitement is much greater than in the actual business at home, and on top of that I have this plague of traveling, the worries about train connections, the irregular, bad food, an ever-changing, never lasting, never cordial human contact.

Der Teufel soll das alles holen!« 4.4

The devil take it all!"

4.5 **Er fühlte ein leichtes Jucken oben auf dem Bauch;**
He felt a slight itch on the top of his stomach;

4.6 **schob sich auf dem Rücken langsam näher zum Bettpfosten, um den Kopf besser heben zu können;**
slowly pushed himself closer to the bedpost on his back in order to be able to lift his head better;

4.7 **fand die juckende Stelle, die mit lauter kleinen weißen Pünktchen besetzt war, die er nicht zu beurteilen verstand;**
found the itchy spot, which was covered with lots of little white dots that he didn't know how to judge;

4.8 **und wollte mit einem Bein die Stelle betasten, zog es aber gleich zurück, denn bei der Berührung umwehten ihn Kälteschauer.**
and wanted to touch the spot with one leg, but immediately withdrew it, because shivers of cold blew around him when he touched it.

5.1 **Er glitt wieder in seine frühere Lage zurück.**
He slipped back into his previous position.

5.2 **»Dies frühzeitige Aufstehen«, dachte er, »macht einen ganz blödsinnig.**
"This early rising," he thought, "makes one quite stupid.

5.3 **Der Mensch muß seinen Schlaf haben.**
A man must have his sleep.

5.4 **Andere Reisende leben wie Haremsfrauen.**
Other travelers live like harem women.

Wenn ich zum Beispiel im Laufe des Vormittags ins Gasthaus zurückgehe, um die erlangten Aufträge zu überschreiben, sitzen diese Herren erst beim Frühstück.

5.5

For example, when I go back to the inn in the morning to sign over the orders I have received, these gentlemen only sit down to breakfast.

Das sollte ich bei meinem Chef versuchen;

5.6

I should try that with my boss;

ich würde auf der Stelle hinausfliegen. Wer weiß übrigens,

5.7

I'd be thrown out on the spot. By the way,

ob das nicht sehr gut für mich wäre.

5.8

who knows if that wouldn't be very good for me.

Wenn ich mich nicht wegen meiner Eltern zurückhielte, ich hätte längst gekündigt, ich wäre vor den Chef hin getreten und hätte ihm meine Meinung von Grund des Herzens aus gesagt.

5.9

If I hadn't held back because of my parents, I would have resigned long ago, I would have stepped in front of the boss and told him what I thought from the bottom of my heart.

Vom Pult hätte er fallen müssen!

5.10

He would have fallen off his desk!

Es ist auch eine sonderbare Art, sich auf das Pult zu setzen und von der Höhe herab mit dem Angestellten zu reden, der überdies wegen der Schwerhörigkeit des Chefs ganz nahe herantreten muß.

5.11

It's also a strange way to sit on the desk and talk to the employee from a height, who also has to come very close because the boss is hard of hearing.

5.12 **Nun, die Hoffnung ist noch nicht gänzlich aufgegeben;**

Well, I haven't completely given up hope yet;

5.13 **habe ich einmal das Geld beisammen, um die Schuld der Eltern an ihn abzuzahlen –**

once I've got the money together to pay off his parents' debt to him –

5.14 **es dürfte noch fünf bis sechs Jahre dauern – ,**

it should take another five or six years – ,

5.15 **mache ich die Sache unbedingt.**

I'll definitely do it.

5.16 **Dann wird der große Schnitt gemacht.**

Then the big cut will be made.

5.17 **Vorläufig allerdings muß ich aufstehen, denn mein Zug fährt um fünf.«**

For now, though, I have to get up, because my train leaves at five."

6.1 **Und er sah zur Weckuhr hinüber, die auf dem Kasten tickte.**

And he looked over at the alarm clock ticking on the box.

6.2 **»Himmlischer Vater!«, dachte er.**

"Heavenly Father!", he thought.

6.3 **Es war halb sieben Uhr, und die Zeiger gingen ruhig vorwärts, es war sogar halb vorüber, es näherte sich schon dreiviertel.**

It was half past six, and the hands were moving quietly forward, it was even half past, it was already approaching three quarters.

Sollte der Wecker nicht geläutet haben?   6.4
Shouldn't the alarm clock have rung?

Man sah vom Bett aus, daß er auf vier Uhr richtig   6.5
eingestellt war;
One could see from the bed that it was correctly set for four
o'clock;

gewiß hatte er auch geläutet.   6.6
it had certainly rung.

Ja, aber war es möglich, dieses möbelerschütternde   6.7
Läuten ruhig zu verschlafen?
Yes, but was it possible to sleep through this furniture-
shaking ringing quietly?

Nun, ruhig hatte er ja nicht geschlafen, aber   6.8
wahrscheinlich desto fester.
Well, he hadn't slept soundly, but probably more soundly.

Was aber sollte er jetzt tun?   6.9
But what should he do now?

Der nächste Zug ging um sieben Uhr;   6.10
The next train left at seven o'clock;

um den einzuholen, hätte er sich unsinnig beeilen   6.11
müssen, und die Kollektion war noch nicht
eingepackt, und er selbst fühlte sich durchaus nicht
besonders frisch und beweglich.
he would have had to hurry senselessly to catch it, and the
collection was not yet packed, and he himself did not feel
particularly fresh and agile.

6.12 **Und selbst wenn er den Zug einholte, ein Donnerwetter des Chefs war nicht zu vermeiden, denn der Geschäftsdiener hatte beim Fünfuhrzug gewartet und die Meldung von seiner Versäumnis längst erstattet.**

And even if he did catch up with the train, there was no avoiding the boss's thunder, because the valet had been waiting at the five o'clock train and had long since reported his delay.

6.13 **Es war eine Kreatur des Chefs, ohne Rückgrat und Verstand.**

It was a creature of the boss, without backbone or sense.

6.14 **Wie nun, wenn er sich krank meldete?**

What would happen if he called in sick?

6.15 **Das wäre aber äußerst peinlich und verdächtig,**

That would be extremely embarrassing and suspicious,

6.16 **denn Gregor war während seines fünfjährigen Dienstes noch nicht einmal krank gewesen.**

because Gregor had never even been ill during his five years of service.

6.17 **Gewiß würde der Chef mit dem Krankenkassenarzt kommen, würde den Eltern wegen des faulen Sohnes Vorwürfe machen und alle Einwände durch den Hinweis auf den Krankenkassenarzt abschneiden, für den es ja überhaupt nur ganz gesunde, aber arbeitsscheue Menschen gibt.**

The boss would certainly come with the health insurance doctor, reproach the parents for their lazy son and cut off all objections by referring to the health insurance doctor, for whom there are only healthy but work-shy people.

Und hätte er übrigens in diesem Falle so ganz
unrecht?

6.18

And would he be completely wrong in this case?

Gregor fühlte sich tatsächlich, abgesehen von einer
nach dem langen Schlaf wirklich überflüssigen
Schläfrigkeit, ganz wohl und hatte sogar einen
besonders kräftigen Hunger.

6.19

Gregor actually felt quite well, apart from a really
superfluous drowsiness after his long sleep, and was even
particularly hungry.

Kapitel 2
Chapter 2

1.1 **Als er dies alles in größter Eile überlegte, ohne sich entschließen zu können, das Bett zu verlassen –**
As he was thinking all this over in a hurry, unable to make up his mind to get out of bed –

1.2 **gerade schlug der Wecker dreiviertel sieben –**
the alarm clock had just struck three-quarters of seven –

1.3 **klopfte es vorsichtig an die Tür am Kopfende seines Bettes.**
there was a gentle knock on the door at the head of his bed.

2.1 **»Gregor«, rief es – es war die Mutter –,**
"Gregor", it called – it was the mother –,

2.2 **»es ist dreiviertel sieben. Wolltest du nicht wegfahren?«**
"it's three-quarters of seven. Weren't you going to leave?"

2.3 **Die sanfte Stimme!**
The gentle voice!

Gregor erschrak, als er seine antwortende Stimme hörte, die wohl unverkennbar seine frühere war, in die sich aber, wie von unten her, ein nicht zu unterdrückendes, schmerzliches Piepsen mischte, das die Worte förmlich nur im ersten Augenblick in ihrer Deutlichkeit beließ, um sie im Nachklang derart zu zerstören, daß man nicht wußte, ob man recht gehört hatte.

2.4

Gregor was startled when he heard his answering voice, which was unmistakably his former voice, but which, as if from below, was mixed with an unsuppressible, painful squeak that literally left the words in their clarity for the first moment only to destroy them in the aftermath so that one did not know whether one had heard correctly.

Gregor hatte ausführlich antworten und alles erklären wollen, beschränkte sich aber bei diesen Umständen darauf, zu sagen,

2.5

Gregor had wanted to answer at length and explain everything, but in these circumstances he confined himself to saying,

»Ja, ja, danke Mutter, ich stehe schon auf.«

2.6

"Yes, yes, thank you, Mother, I'll get up."

Infolge der Holztür war die Veränderung in Gregors Stimme draußen wohl nicht zu merken, denn die Mutter beruhigte sich mit dieser Erklärung und schlürfte davon.

2.7

Because of the wooden door, the change in Gregor's voice was probably not noticeable outside, as his mother calmed down with this explanation and slipped away.

2.8 Aber durch das kleine Gespräch waren die anderen Familienmitglieder darauf aufmerksam geworden, daß Gregor wider Erwarten noch zu Hause war, und schon klopfte an der einen Seitentür der Vater, schwach, aber mit der Faust.

But the little conversation had alerted the other family members to the fact that Gregor was still at home, contrary to expectations, and his father was already knocking on one side door, weakly but with his fist.

2.9 »Gregor, Gregor«, rief er, »was ist denn?«

"Gregor, Gregor," he called out, "what is it?"

2.10 Und nach einer kleinen Weile mahnte er nochmals mit tieferer Stimme:

And after a little while, he called out again in a lower voice:

2.11 »Gregor! Gregor!«

"Gregor! Gregor!"

2.12 An der anderen Seitentür aber klagte leise die Schwester:

At the other side door, however, the sister complained quietly:

2.13 »Gregor? Ist dir nicht wohl? Brauchst du etwas?«

"Gregor? Are you not feeling well? Do you need something?"

2.14 Nach beiden Seiten hin antwortete Gregor:

Gregor replied to both sides:

»Bin schon fertig«, und bemühte sich, durch die sorgfältigste Aussprache und durch Einschaltung von langen Pausen zwischen den einzelnen Worten seiner Stimme alles Auffallende zu nehmen.

2.15

"I've already finished," and tried to take away anything noticeable from his voice by enunciating carefully and inserting long pauses between the individual words.

Der Vater kehrte auch zu seinem Frühstück zurück,

2.16

His father also returned to his breakfast,

die Schwester aber flüsterte:

2.17

but his sister whispered:

»Gregor, mach auf, ich beschwöre dich.«

2.18

"Gregor, open up, I implore you."

Gregor aber dachte gar nicht daran aufzumachen, sondern lobte die vom Reisen her übernommene Vorsicht, auch zu Hause alle Türen während der Nacht zu versperren.

2.19

Gregor, however, didn't even think about opening the door, but praised the caution he had adopted from his travels to lock all doors at home during the night.

Zunächst wollte er ruhig und ungestört aufstehen, sich anziehen und vor allem frühstücken, und dann erst das Weitere überlegen, denn, das merkte er wohl, im Bett würde er mit dem Nachdenken zu keinem vernünftigen Ende kommen.

3.1

First he wanted to get up quietly and undisturbed, get dressed and, above all, have breakfast, and only then think about what to do next, because, as he realized, he would not be able to come to a sensible end with his thoughts in bed.

3.2 Er erinnerte sich, schon öfters im Bett irgendeinen vielleicht durch ungeschicktes Liegen erzeugten, leichten Schmerz empfunden zu haben, der sich dann beim Aufstehen als reine Einbildung herausstellte, und er war gespannt, wie sich seine heutigen Vorstellungen allmählich auflösen würden.

He remembered that he had often felt a slight pain in bed, perhaps caused by lying awkwardly, which turned out to be pure imagination when he got up, and he was curious to see how his present ideas would gradually dissolve.

3.3 Daß die Veränderung der Stimme nichts anderes war, als der Vorbote einer tüchtigen Verkühlung, einer Berufskrankheit der Reisenden, daran zweifelte er nicht im geringsten.

He had no doubt at all that the change in his voice was nothing more than the harbinger of a severe cold, an occupational disease of travelers.

4.1 Die Decke abzuwerfen war ganz einfach;

It was very easy to throw off the blanket;

4.2 er brauchte sich nur ein wenig aufzublasen und sie fiel von selbst.

he only had to puff himself up a little and it fell by itself.

4.3 Aber weiterhin wurde es schwierig,

But it continued to be difficult,

4.4 besonders weil er so ungemein breit war.

especially because he was so incredibly wide.

Er hätte Arme und Hände gebraucht, um sich   4.5
aufzurichten; statt dessen aber hatte er nur die
vielen Beinchen, die ununterbrochen in der
verschiedensten Bewegung waren und die er
überdies nicht beherrschen konnte.

He would have needed arms and hands to lift himself up,
but instead he only had his many little legs, which were in
constant motion and which he couldn't control.

Wollte er eines einmal einknicken, so war es das   4.6
erste, daß es sich streckte;

If he wanted to bend one of them, it was the first to stretch;

und gelang es ihm endlich, mit diesem Bein das   4.7
auszuführen, was er wollte, so arbeiteten inzwischen
alle anderen, wie freigelassen, in höchster,
schmerzlicher Aufregung.

and if he finally succeeded in doing what he wanted with
this leg, all the others worked in the meantime, as if
released, in the highest, most painful excitement.

»Nur sich nicht im Bett unnütz aufhalten,«   4.8

"Only don't stay in bed uselessly,"

sagte sich Gregor.   4.9

said Gregor to himself.

Zuerst wollte er mit dem unteren Teil seines Körpers   5.1
aus dem Bett hinauskommen, aber dieser untere Teil,
den er übrigens noch nicht gesehen hatte und von
dem er sich auch keine rechte Vorstellung machen
konnte, erwies sich als zu schwer beweglich;

At first he wanted to get out of bed with the lower part of
his body, but this lower part, which he had not yet seen and
of which he had no real idea, proved to be too difficult to
move;

16

5.2 **es ging so langsam;**

it went so slowly;

5.3 **und als er schließlich, fast wild geworden, mit gesammelter Kraft, ohne Rücksicht sich vorwärtsstieß, hatte er die Richtung falsch gewählt, schlug an den unteren Bettpfosten heftig an, und der brennende Schmerz, den er empfand, belehrte ihn, daß gerade der untere Teil seines Körpers augenblicklich vielleicht der empfindlichste war.**

and when at last, having become almost wild, he pushed himself forward with all his strength, without consideration, he had chosen the wrong direction, struck the lower bed-post violently, and the burning pain he felt taught him that the lower part of his body was perhaps the most sensitive at the moment.

6.1 **Er versuchte es daher, zuerst den Oberkörper aus dem Bett zu bekommen, und drehte vorsichtig den Kopf dem Bettrand zu.**

He therefore tried to get his upper body out of the bed first and carefully turned his head towards the edge of the bed.

6.2 **Dies gelang auch leicht, und trotz ihrer Breite und Schwere folgte schließlich die Körpermasse langsam der Wendung des Kopfes.**

He managed to do this easily, and despite its width and weight, his body slowly followed the turn of his head.

Aber als er den Kopf endlich außerhalb des Bettes in der freien Luft hielt, bekam er Angst, weiter auf diese Weise vorzurücken, denn wenn er sich schließlich so fallen ließ, mußte geradezu ein Wunder geschehen, wenn der Kopf nicht verletzt werden sollte.

6.3

But when he finally held his head outside the bed in the open air, he was afraid to continue moving forward in this way, because if he finally let himself fall like this, a miracle would have to happen if his head was not to be injured.

Und die Besinnung durfte er gerade jetzt um keinen Preis verlieren;

6.4

And he could not lose his senses at any price right now;

lieber wollte er im Bett bleiben.

6.5

he would rather stay in bed.

Aber als er wieder nach gleicher Mühe aufseufzend so dalag wie früher, und wieder seine Beinchen womöglich noch ärger gegeneinander kämpfen sah und keine Möglichkeit fand, in diese Willkür Ruhe und Ordnung zu bringen, sagte er sich wieder, daß er unmöglich im Bett bleiben könne und daß es das Vernünftigste sei, alles zu opfern, wenn auch nur die kleinste Hoffnung bestünde, sich dadurch vom Bett zu befreien.

7.1

But when, after the same effort, he lay there again sighing just as before, and saw his little legs fighting each other even more fiercely, with no way of bringing calm and order to this chaos, he told himself again that it was impossible for him to stay in bed and that it was most sensible to sacrifice everything if there was even the slightest hope of freeing himself from bed.

7.2 Gleichzeitig aber vergaß er nicht, sich zwischendurch daran zu erinnern, daß viel besser als verzweifelte Entschlüsse ruhige und ruhigste Überlegung sei.

At the same time, however, he did not forget to remind himself in between that calm and the calmest reflection was much better than desperate resolutions.

7.3 In solchen Augenblicken richtete er die Augen möglichst scharf auf das Fenster, aber leider war aus dem Anblick des Morgennebels, der sogar die andere Seite der engen Straße verhüllte, wenig Zuversicht und Munterkeit zu holen.

In such moments he fixed his eyes as sharply as possible on the window, but unfortunately there was little encouragement or cheer to be drawn from the sight of the morning fog, which even veiled the other side of the narrow street.

7.4 »Schon sieben Uhr«, sagte er sich beim neuerlichen Schlagen des Weckers,

"Seven o'clock already", he said to himself when the alarm clock went off again,

7.5 »schon sieben Uhr und noch immer ein solcher Nebel.«

"already seven o'clock and still such fog."

7.6 Und ein Weilchen lang lag er ruhig mit schwachem Atem,

And for a little while he lay quietly with weak breathing,

7.7 als erwarte er vielleicht von der völligen Stille die Wiederkehr der wirklichen und selbstverständlichen Verhältnisse.

as if he were perhaps expecting the return of the real and self-evident circumstances from the complete silence.

Kapitel 3
Chapter 3

1.1 Dann aber sagte er sich:
But then he said to himself:

1.2 »Ehe es einviertel acht schlägt,
"Before it strikes a quarter to eight,

1.3 muß ich unbedingt das Bett vollständig verlassen haben.
I absolutely must get out of bed completely.

1.4 Im übrigen wird auch bis dahin jemand aus dem Geschäft kommen, um nach mir zu fragen, denn das Geschäft wird vor sieben Uhr geöffnet.«
By then, someone will have come out of the store to ask for me, because the store opens before seven o'clock."

1.5 Und er machte sich nun daran, den Körper in seiner ganzen Länge vollständig gleichmäßig aus dem Bett hinauszuschaukeln.
And he now set about rocking the whole length of his body evenly out of bed.

Wenn er sich auf diese Weise aus dem Bett fallen ließ, blieb der Kopf, den er beim Fall scharf heben wollte, voraussichtlich unverletzt. 1.6

If he let himself fall out of bed in this way, the head, which he tried to lift sharply as he fell, was likely to remain uninjured.

Der Rücken schien hart zu sein; 1.7

His back seemed to be hard;

dem würde wohl bei dem Fall auf den Teppich nichts geschehen. 1.8

nothing would happen to it if he fell onto the carpet.

Das größte Bedenken machte ihm die Rücksicht auf den lauten Krach, den es geben müßte und der wahrscheinlich hinter allen Türen wenn nicht Schrecken, so doch Besorgnisse erregen würde. 1.9

He was most concerned about the loud noise it would make, which would probably cause concern, if not fright, behind all the doors.

Das mußte aber gewagt werden. 1.10

But it had to be risked.

Als Gregor schon zur Hälfte aus dem Bette ragte – 2.1

When Gregor was already halfway out of bed –

die neue Methode war mehr ein Spiel als eine Anstrengung, 2.2

the new method was more of a game than an effort,

er brauchte immer nur ruckweise zu schaukeln –, 2.3

he only ever needed to rock jerkily –,

2.4 **fiel ihm ein, wie einfach alles wäre, wenn man ihm zu Hilfe käme.**

it occurred to him how easy everything would be if someone came to his aid.

2.5 **Zwei starke Leute –**

Two strong people –

2.6 **er dachte an seinen Vater und das Dienstmädchen –**

he thought of his father and the maid –

2.7 **hätten vollständig genügt;**

would have been quite enough;

2.8 **sie hätten ihre Arme nur unter seinen gewölbten Rücken schieben, ihn so aus dem Bett schälen, sich mit der Last niederbeugen und dann bloß vorsichtig dulden müssen, daß er den Überschwung auf dem Fußboden vollzog, wo dann die Beinchen hoffentlich einen Sinn bekommen würden.**

they would only have had to slip their arms under his arched back, peel him out of bed, bend down with the load, and then carefully allow him to swing over on the floor, where the little legs would hopefully make sense.

2.9 **Nun, ganz abgesehen davon, daß die Türen versperrt waren, hätte er wirklich um Hilfe rufen sollen?**

Well, quite apart from the fact that the doors were locked, should he really have called for help?

2.10 **Trotz aller Not konnte er bei diesem Gedanken ein Lächeln nicht unterdrücken.**

Despite his distress, he couldn't suppress a smile at the thought.

Schon war er so weit, daß er bei stärkerem Schaukeln 3.1
kaum das Gleichgewicht noch erhielt, und sehr bald
mußte er sich nun endgültig entscheiden, denn es
war in fünf Minuten einviertel acht, –

He was already so far gone that he could hardly keep his
balance if he swayed too much, and very soon he had to
make up his mind for good, for it was a quarter of eight in
five minutes, –

als es an der Wohnungstür läutete. 3.2

when the doorbell rang.

»Das ist jemand aus dem Geschäft«, sagte er sich und 3.3
erstarrte fast, während seine Beinchen nur desto
eiliger tanzten.

"It's someone from the store," he said to himself and
almost froze, while his little legs danced all the more
hurriedly.

Einen Augenblick blieb alles still. 3.4

Everything remained silent for a moment.

»Sie öffnen nicht«, sagte sich Gregor, befangen in 3.5
irgendeiner unsinnigen Hoffnung.

"They're not opening," Gregor said to himself, caught up in
some nonsensical hope.

Aber dann ging natürlich wie immer das 3.6
Dienstmädchen festen Schrittes zur Tür und öffnete.

But then, of course, as always, the maid walked firmly to
the door and opened it.

Gregor brauchte nur das erste Grußwort des 3.7
Besuchers zu hören und wußte schon, wer es war –

Gregor only had to hear the visitor's first greeting to know
who it was –

3.8 der Prokurist selbst.

the authorized signatory himself.

3.9 Warum war nur Gregor dazu verurteilt, bei
einer Firma zu dienen, wo man bei der kleinsten
Versäumnis gleich den größten Verdacht faßte?

Why was Gregor the only one condemned to work for a
company where the slightest omission was immediately
met with the greatest suspicion?

3.10 Waren denn alle Angestellten samt und sonders
Lumpen, gab es denn unter ihnen keinen treuen
ergebenen Menschen, der, wenn er auch nur ein paar
Morgenstunden für das Geschäft nicht ausgenutzt
hatte, vor Gewissensbissen närrisch wurde und
geradezu nicht imstande war, das Bett zu verlassen?

Were all the employees rags, weren't there any loyal,
devoted people among them who, if they didn't take
advantage of even a few morning hours for the business,
would become mad with remorse and almost unable to get
out of bed?

3.11 Genügte es wirklich nicht, einen Lehrjungen
nachfragen zu lassen –

Was it really not enough to have an apprentice ask
questions –

3.12 wenn überhaupt diese Fragerei nötig war – ,

if such questioning was necessary at all –

mußte da der Prokurist selbst kommen, und mußte
dadurch der ganzen unschuldigen Familie gezeigt
werden, daß die Untersuchung dieser verdächtigen
Angelegenheit nur dem Verstand des Prokuristen
anvertraut werden konnte?

3.13

did the authorized officer himself have to come, and did
the whole innocent family have to be shown that the
investigation of this suspicious matter could only be
entrusted to the mind of the authorized officer?

Und mehr infolge der Erregung, in welche Gregor
durch diese Überlegungen versetzt wurde, als infolge
eines richtigen Entschlusses, schwang er sich mit
aller Macht aus dem Bett.

3.14

And it was more from the excitement into which Gregor
was thrown by these reflections than from any real decision
that he swung himself out of bed with all his might.

Es gab einen lauten Schlag,

3.15

There was a loud thud,

aber ein eigentlicher Krach war es nicht.

3.16

but it wasn't really a crash.

Ein wenig wurde der Fall durch den Teppich
abgeschwächt, auch war der Rücken elastischer,
als Gregor gedacht hatte, daher kam der nicht gar so
auffallende dumpfe Klang.

3.17

The fall was softened a little by the carpet, and the back was
more elastic than Gregor had thought, which was why the
muffled sound was not so noticeable.

Nur den Kopf hatte er nicht vorsichtig genug
gehalten und ihn angeschlagen;

3.18

Only he hadn't held his head carefully enough and hit it;

3.19 **er drehte ihn und rieb ihn an dem Teppich vor Ärger und Schmerz.**

he turned it and rubbed it against the carpet in anger and pain.

4.1 **»Da drin ist etwas gefallen«,**

"Something fell in there",

4.2 **sagte der Prokurist im Nebenzimmer links.**

said the authorized signatory in the next room to the left.

4.3 **Gregor suchte sich vorzustellen, ob nicht auch einmal dem Prokuristen etwas Ähnliches passieren könnte, wie heute ihm;**

Gregor tried to imagine whether something similar to what had happened to him today might not happen to the authorized signatory;

4.4 **die Möglichkeit dessen mußte man doch eigentlich zugeben.**

the possibility of it actually had to be admitted.

4.5 **Aber wie zur rohen Antwort auf diese Frage machte jetzt der Prokurist im Nebenzimmer ein paar bestimmte Schritte und ließ seine Lackstiefel knarren.**

But as if in answer to this question, the authorized signatory in the next room took a few definite steps and let his patent leather boots creak.

4.6 **Aus dem Nebenzimmer rechts flüsterte die Schwester,**

From the next room on the right,

4.7 **um Gregor zu verständigen: »Gregor,**

the sister whispered to inform Gregor: "Gregor,

der Prokurist ist da.«   4.8
the authorized signatory is here."

»Ich weiß«, sagte Gregor vor sich hin;   4.9
"I know", Gregor said to himself;

aber so laut, daß es die Schwester hätte hören   4.10
können, wagte er die Stimme nicht zu erheben.
but he didn't dare raise his voice loud enough for the sister
to hear.

»Gregor«, sagte nun der Vater aus dem Nebenzimmer   5.1
links, »der Herr Prokurist ist gekommen und
erkundigt sich, warum du nicht mit dem Frühzug
weggefahren bist.
"Gregor," said the father from the next room on the left,
"the authorized signatory has come and is asking why you
didn't leave on the early train.

Wir wissen nicht, was wir ihm sagen sollen.   5.2
We don't know what to tell him.

Übrigens will er auch mit dir persönlich sprechen.   5.3
By the way, he also wants to speak to you in person.

Also bitte mach die Tür auf.   5.4
So please open the door.

Er wird die Unordnung im Zimmer zu entschuldigen   5.5
schon die Güte haben.«
He'll be kind enough to excuse the mess in the room."

»Guten Morgen, Herr Samsa«, rief der Prokurist   6.1
freundlich dazwischen.
"Good morning, Mr. Samsa," the authorized officer called
out in a friendly voice.

6.2 »Ihm ist nicht wohl«, sagte die Mutter zum Prokuristen, während der Vater noch an der Tür redete, »ihm ist nicht wohl, glauben Sie mir, Herr Prokurist.

"He's not feeling well," said the mother to the authorized signatory, while the father was still talking at the door, "he's not feeling well, believe me, Mr. Prokurist.

6.3 Wie würde denn Gregor sonst einen Zug versäumen!

How else would Gregor miss a train!

6.4 Der Junge hat ja nichts im Kopf als das Geschäft.

The boy has nothing on his mind but business.

6.5 Ich ärgere mich schon fast, daß er abends niemals ausgeht;

I'm almost annoyed that he never goes out in the evening;

6.6 jetzt war er doch acht Tage in der Stadt,

he's been in town for eight days now,

6.7 aber jeden Abend war er zu Hause.

but he's been home every night.

6.8 Da sitzt er bei uns am Tisch und liest still die Zeitung oder studiert Fahrpläne.

He sits at our table and quietly reads the newspaper or studies timetables.

6.9 Es ist schon eine Zerstreuung für ihn, wenn er sich mit Laubsägearbeiten beschäftigt.

It's a distraction for him when he's busy with fretwork.

6.10 Da hat er zum Beispiel im Laufe von zwei, drei Abenden einen kleinen Rahmen geschnitzt;

Over the course of two or three evenings, for example, he has carved a small frame;

Sie werden staunen, wie hübsch er ist; er hängt drin im Zimmer; **6.11**
you'll be amazed at how pretty it is; it hangs in the room;

Sie werden ihn gleich sehen, bis Gregor aufmacht. **6.12**
you'll see it right away until Gregor opens it.

Ich bin übrigens glücklich, daß Sie da sind, Herr Prokurist; **6.13**
By the way, I am glad you are here, Mr. Prokurist;

wir allein hätten Gregor nicht dazu gebracht, die Tür zu öffnen; **6.14**
we alone could not have persuaded Gregor to open the door;

er ist so hartnäckig; und bestimmt ist ihm nicht wohl, **6.15**
he is so obstinate; and he is certainly not well,

trotzdem er es am Morgen geleugnet hat.« **6.16**
although he denied it in the morning."

»Ich komme gleich«, sagte Gregor langsam und bedächtig und rührte sich nicht, um kein Wort der Gespräche zu verlieren. **7.1**
"I'll be right there", Gregor said slowly and deliberately, not moving so as not to lose a word of conversation.

»Anders, gnädige Frau, kann ich es mir auch nicht erklären«, sagte der Prokurist, »hoffentlich ist es nichts Ernstes. **7.2**
"I can't explain it any other way, madam," said the procurator, "I hope it's nothing serious.

7.3 Wenn ich auch andererseits sagen muß, daß wir Geschäftsleute –

On the other hand, I must say that we businessmen –

7.4 wie man will, leider oder glücklicherweise –

unfortunately or fortunately, as the case may be –

7.5 ein leichtes Unwohlsein sehr oft aus geschäftlichen Rücksichten einfach überwinden müssen.«

very often have to overcome a slight indisposition for business reasons."

7.6 »Also kann der Herr Prokurist schon zu dir hinein?«

"So Mr. Prokurist can come in to see you already?"

7.7 fragte der ungeduldige Vater und klopfte wiederum an die Tür.

asked the impatient father, knocking on the door again.

7.8 »Nein«, sagte Gregor.

"No", said Gregor.

7.9 Im Nebenzimmer links trat eine peinliche Stille ein, im Nebenzimmer rechts begann die Schwester zu schluchzen.

There was an awkward silence in the next room on the left and the sister began to sob in the next room on the right.

Kapitel 4

Chapter 4

1.1 **Warum ging denn die Schwester nicht zu den anderen?**
Why didn't the sister join the others?

1.2 **Sie war wohl erst jetzt aus dem Bett aufgestanden und hatte noch gar nicht angefangen sich anzuziehen.**
She had probably only just got out of bed and hadn't even started getting dressed yet.

1.3 **Und warum weinte sie denn?**
And why was she crying?

1.4 **Weil er nicht aufstand und den Prokuristen nicht hereinließ, weil er in Gefahr war, den Posten zu verlieren und weil dann der Chef die Eltern mit den alten Forderungen wieder verfolgen würde?**
Because he didn't get up and let the authorized signatory in, because he was in danger of losing his job and because then the boss would come after the parents again with the old demands?

1.5 **Das waren doch vorläufig wohl unnötige Sorgen.**
Those were unnecessary worries for the time being.

33

Noch war Gregor hier und dachte nicht im geringsten daran, seine Familie zu verlassen.

1.6

Gregor was still here and had not the slightest thought of leaving his family.

Augenblicklich lag er wohl da auf dem Teppich, und niemand, der seinen Zustand gekannt hätte, hätte im Ernst von ihm verlangt, daß er den Prokuristen hereinlasse.

1.7

He was probably lying there on the carpet at the moment, and no one who knew his condition would have seriously demanded that he let the authorized officer in.

Aber wegen dieser kleinen Unhöflichkeit, für die sich ja später leicht eine passende Ausrede finden würde, konnte Gregor doch nicht gut sofort weggeschickt werden.

1.8

But Gregor couldn't very well be sent away immediately because of this little impoliteness, for which a suitable excuse could easily be found later.

Und Gregor schien es, daß es viel vernünftiger wäre, ihn jetzt in Ruhe zu lassen, statt ihn mit Weinen und Zureden zu stören.

1.9

And it seemed to Gregor that it would be much more sensible to leave him alone now instead of disturbing him with crying and coaxing.

Aber es war eben die Ungewißheit, welche die anderen bedrängte und ihr Benehmen entschuldigte.

1.10

But it was the uncertainty that troubled the others and excused their behavior.

»Herr Samsa«, rief nun der Prokurist mit erhobener Stimme, »was ist denn los?

2.1

"Mr. Samsa," shouted the authorized signatory in a raised voice, "what's going on?

2.2 Sie verbarrikadieren sich da in Ihrem Zimmer,
antworten bloß mit ja und nein, machen Ihren Eltern
schwere, unnötige Sorgen und versäumen –

You are barricading yourself in your room, answering
only yes and no, causing your parents serious, unnecessary
worries and –

2.3 dies nur nebenbei erwähnt –

by the way –

2.4 Ihre geschäftliche Pflichten in einer eigentlich
unerhörten Weise.

neglecting your business duties in a way that is actually
unheard of.

2.5 Ich spreche hier im Namen Ihrer Eltern und
Ihres Chefs und bitte Sie ganz ernsthaft um eine
augenblickliche,

I am speaking here on behalf of your parents and your boss
and ask you very seriously for an immediate,

2.6 deutliche Erklärung. Ich staune, ich staune.

clear explanation. I am amazed, I am amazed.

2.7 Ich glaubte Sie als einen ruhigen, vernünftigen
Menschen zu kennen, und nun scheinen Sie plötzlich
anfangen zu wollen, mit sonderbaren Launen zu
paradieren.

I thought I knew you as a calm, sensible person, and now
you suddenly seem to want to start parading your strange
moods.

2.8 De Chef deutete mir zwar heute früh eine möglich
Erklärung für Ihre Versäumnisse an –

Your boss did suggest to me this morning a possible
explanation for your failings –

sie betraf das Ihnen seit kurzem anvertraute
Inkasso – ,

2.9

it concerned the debt collection recently entrusted to you –

aber ich legte wahrhaftig fast mein Ehrenwort dafür
ein, daß diese Erklärung nicht zutreffen könne.

2.10

but I really almost gave my word of honor that this
explanation could not be true.

Nun aber sehe ich hier Ihren unbegreiflichen
Starrsinn und verliere ganz und gar jede Lust, mich
auch nur im geringsten für Sie einzusetzen.

2.11

Now, however, I see your incomprehensible stubbornness
and lose all desire to stand up for you in the slightest.

Und Ihre Stellung ist durchaus nicht die festeste.

2.12

And your position is by no means the firmest.

Ich hatte ursprünglich die Absicht, Ihnen das alles
unter vier Augen zu sagen, aber da Sie mich hier
nutzlos meine Zeit versäumen lassen, weiß ich nicht,
warum es nicht auch Ihr Herren Eltern erfahren
sollen.

2.13

I had originally intended to tell you all this in private, but
as you are letting me waste my time here, I don't know why
your parents shouldn't know too.

Ihre Leistungen in der letzten Zeit waren also sehr
unbefriedigend;

2.14

So your recent performance has been very unsatisfactory;

es ist zwar nicht die Jahreszeit, um besondere
Geschäfte zu machen, das erkennen wir an;

2.15

it is not the season for doing business, we recognize that;

2.16 aber eine Jahreszeit, um keine Geschäfte zu machen, gibt es überhaupt nicht, Herr Samsa, darf es nicht geben.«

but there is no season for not doing business, Mr. Samsa, there must not be."

3.1 »Aber Herr Prokurist«, rief Gregor außer sich und vergaß in der Aufregung alles andere, »ich mache ja sofort, augenblicklich auf.

"But Mr. Prokurist," Gregor exclaimed, forgetting everything else in his excitement, "I'll get up immediately.

3.2 Ein leichtes Unwohlsein, ein Schwindelanfall, haben mich verhindert aufzustehen.

A slight indisposition, a dizzy spell, prevented me from getting up.

3.3 Ich liege noch jetzt im Bett.

I'm still lying in bed now.

3.4 Jetzt bin ich aber schon wieder ganz frisch.

But now I'm completely fresh again.

3.5 Eben steige ich aus dem Bett.

I'm just getting out of bed.

3.6 Nur einen kleinen Augenblick Geduld!

Just a moment's patience!

3.7 Es geht noch nicht so gut; wie ich dachte.

I'm not feeling as well as I thought.

3.8 Es ist mir aber schon wohl.

But I'm already feeling well.

3.9 Wie das nur einen Menschen so überfallen kann!

How it can come over a person like that!

Noch gestern abend war mir ganz gut, meine Eltern wissen es ja, oder besser, schon gestern abend hatte ich eine kleine Vorahnung.

3.10

I was still feeling fine last night, my parents know, or rather, I had a little premonition last night.

Man hätte es mir ansehen müssen.

3.11

It should have been obvious to me.

Warum habe ich es nur im Geschäfte nicht gemeldet!

3.12

Why didn't I report it in the store!

Aber man denkt eben immer, daß man die Krankheit ohne Zuhausebleiben überstehen wird.

3.13

But you always think you'll get through the illness without staying at home.

Herr Prokurist! Schonen Sie meine Eltern!

3.14

Mr. Prokurist! Go easy on my parents!

Für alle die Vorwürfe, die Sie mir jetzt machen, ist ja kein Grund;

3.15

There's no reason for all the accusations you're making against me now;

man hat mir ja davon auch kein Wort gesagt.

3.16

they haven't said a word to me about it.

Sie haben vielleicht die letzten Aufträge, die ich geschickt habe, nicht gelesen.

3.17

Perhaps you haven't read the last orders I sent.

Übrigens, noch mit dem Achtuhrzug fahre ich auf die Reise, die paar Stunden Ruhe haben mich gekräftigt.

3.18

By the way, I'm still leaving on the eight o'clock train, the few hours of rest have invigorated me.

3.19 Halten Sie sich nur nicht auf, Herr Prokurist;

Just don't delay, Mr. Prokurist;

3.20 ich bin gleich selbst im Geschäft, und haben Sie die Güte, das zu sagen und mich dem Herrn Chef zu empfehlen!«

I'll be in business myself in a moment, and please have the goodness to say so and recommend me to the boss!"

4.1 Und während Gregor dies alles hastig ausstieß und kaum wußte, was er sprach, hatte er sich leicht, wohl infolge der im Bett bereits erlangten Übung, dem Kasten genähert und versuchte nun, an ihm sich aufzurichten.

And while Gregor uttered all this hastily and hardly knew what he was saying, he had approached the box easily, probably as a result of the exercise he had already gained in bed, and was now trying to stand up on it.

4.2 Er wollte tatsächlich die Tür aufmachen,

He actually wanted to open the door,

4.3 tatsächlich sich sehen lassen und mit dem Prokuristen sprechen;

actually let himself be seen and speak to the authorized officer;

4.4 er war begierig zu erfahren, was die anderen, die jetzt so nach ihm verlangten, bei seinem Anblick sagen würden.

he was eager to find out what the others, who were now so eager to see him, would say at the sight of him.

4.5 Würden sie erschrecken,

If they were frightened,

dann hatte Gregor keine Verantwortung mehr und konnte ruhig sein.

4.6

Gregor would no longer have any responsibility and could remain calm.

Würden sie aber alles ruhig hinnehmen, dann hatte auch er keinen Grund sich aufzuregen, und konnte, wenn er sich beeilte, um acht Uhr tatsächlich auf dem Bahnhof sein.

4.7

But if they accepted everything calmly, then he had no reason to be upset and, if he hurried, he could actually be at the station by eight o'clock.

Zuerst glitt er nun einige Male von dem glatten Kasten ab,

5.1

At first he slipped off the smooth box a few times,

aber endlich gab er sich einen letzten Schwung und stand aufrecht da;

5.2

but finally he gave himself one last push and stood upright;

auf die Schmerzen im Unterleib achtete er gar nicht mehr,

5.3

he no longer paid any attention to the pain in his abdomen,

so sehr sie auch brannten.

5.4

however much it burned.

Nun ließ er sich gegen die Rückenlehne eines nahen Stuhles fallen,

5.5

Now he let himself fall against the back of a nearby chair,

an deren Rändern er sich mit seinen Beinchen festhielt.

5.6

holding on to its edges with his little legs.

5.7 Damit hatte er aber auch die Herrschaft über sich erlangt und verstummte,

But this also gave him control over himself and he fell silent,

5.8 denn nun konnte er den Prokuristen anhören.

because now he could listen to the procurator.

6.1 »Haben Sie auch nur ein Wort verstanden?«,

"Did you understand a word he said?",

6.2 fragte der Prokurist die Eltern,

the procurator asked the parents,

6.3 »er macht sich doch wohl nicht einen Narren aus uns?«

"surely he's not making a fool of us?"

6.4 »Um Gottes willen«, rief die Mutter schon unter Weinen, »er ist vielleicht schwer krank, und wir quälen ihn.

"For God's sake," cried the mother, already in tears, "he might be seriously ill and we're torturing him.

6.5 Grete! Grete!« schrie sie dann. »Mutter?«

Grete! Grete!" she then cried. "Mother?"

6.6 rief die Schwester von der anderen Seite.

called the sister from the other side.

6.7 Sie verständigten sich durch Gregors Zimmer.

They communicated through Gregor's room.

6.8 »Du mußt augenblicklich zum Arzt. Gregor ist krank.

"You must go to the doctor at once. Gregor is ill.

Rasch um den Arzt. Hast du Gregor jetzt reden hören?«

6.9

Quickly to the doctor. Did you hear Gregor talking now?"

»Das war eine Tierstimme«, sagte der Prokurist, auffallend leise gegenüber dem Schreien der Mutter.

6.10

"That was an animal voice," said the procurator, remarkably quiet compared to his mother's screaming.

»Anna! Anna!«

7.1

"Anna! Anna!"

rief der Vater durch das Vorzimmer in die Küche und klatschte in die Hände,

7.2

shouted the father through the anteroom into the kitchen, clapping his hands,

»sofort einen Schlosser holen!«

7.3

"get a locksmith now!"

Und schon liefen die zwei Mädchen mit rauschenden Röcken durch das Vorzimmer –

7.4

And the two girls were already running through the anteroom with rustling skirts –

wie hatte sich die Schwester denn so schnell angezogen?

7.5

how had the sister got dressed so quickly?

– und rissen die Wohnungstüre auf.

7.6

– and tore open the front door.

Man hörte gar nicht die Türe zuschlagen;

7.7

You didn't hear the door slam at all;

7.8 sie hatten sie wohl offen gelassen, wie es in Wohnungen zu sein pflegt, in denen ein großes Unglück geschehen ist.

they had probably left it open, as is usual in apartments where a great misfortune has happened.

Kapitel 5

Chapter 5

1.1 Gregor war aber viel ruhiger geworden.

But Gregor had become much calmer.

1.2 Man verstand zwar also seine Worte nicht mehr, trotzdem sie ihm genug klar, klarer als früher, vorgekommen waren, vielleicht infolge der Gewöhnung des Ohres.

His words were no longer understood, even though they had seemed clear enough to him, clearer than before, perhaps because his ear had become accustomed to them.

1.3 Aber immerhin glaubte man nun schon daran, daß es mit ihm nicht ganz in Ordnung war, und war bereit, ihm zu helfen.

But at least people now believed that something was wrong with him and were prepared to help him.

1.4 Die Zuversicht und Sicherheit, mit welchen die ersten Anordnungen getroffen worden waren, taten ihm wohl.

The confidence and certainty with which the first instructions had been given did him good.

Er fühlte sich wieder einbezogen in den
menschlichen Kreis und erhoffte von beiden, vom
Arzt und vom Schlosser, ohne sie eigentlich genau zu
scheiden, großartige und überraschende Leistungen.

1.5

He felt included in the human circle again and hoped for
great and surprising achievements from both the doctor
and the locksmith, without actually separating them.

Um für die sich nähernden entscheidenden
Besprechungen eine möglichst klare Stimme
zu bekommen, hustete er ein wenig ab,
allerdings bemüht, dies ganz gedämpft zu tun, da
möglicherweise auch schon dieses Geräusch anders
als menschlicher Husten klang, was er selbst zu
entscheiden sich nicht mehr getraute.

1.6

In order to have as clear a voice as possible for the crucial
meetings that were approaching, he coughed a little, but
tried to do so in a very muffled manner, as even this noise
might sound different from a human cough, which he no
longer dared to decide for himself.

Im Nebenzimmer war es inzwischen ganz still
geworden.

1.7

In the meantime, it had become very quiet in the next
room.

Vielleicht saßen die Eltern mit dem Prokuristen beim
Tisch und tuschelten,

1.8

Perhaps the parents were sitting at the table with the
authorized signatory and whispering,

vielleicht lehnten alle an der Türe und horchten.

1.9

perhaps everyone was leaning against the door and
listening.

2.1 **Gregor schob sich langsam mit dem Sessel zur Tür hin, ließ ihn dort los, warf sich gegen die Tür, hielt sich an ihr aufrecht –**

Gregor slowly pushed the armchair towards the door, let go of it, threw himself against the door, held himself upright against it –

2.2 **die Ballen seiner Beinchen hatten ein wenig Klebstoff –**

the balls of his legs had a little glue on them –

2.3 **und ruhte sich dort einen Augenblick lang von der Anstrengung aus.**

and rested there for a moment from the exertion.

2.4 **Dann aber machte er sich daran, mit dem Mund den Schlüssel im Schloß umzudrehen.**

But then he set about turning the key in the lock with his mouth.

2.5 **Es schien leider, daß er keine eigentlichen Zähne hatte, –**

Unfortunately, it seemed that he had no real teeth –

2.6 **womit sollte er gleich den Schlüssel fassen?**

how was he supposed to grasp the key?

– aber dafür waren die Kiefer freilich sehr stark; mit 2.7
ihrer Hilfe brachte er auch wirklich den Schlüssel
in Bewegung und achtete nicht darauf, daß er sich
zweifellos irgendeinen Schaden zufügte, denn eine
braune Flüssigkeit kam ihm aus dem Mund, floß über
den Schlüssel und tropfte auf den Boden.

– but his jaws were of course very strong, and with their
help he really did turn the key, not caring that he was
undoubtedly doing himself some harm, for a brown liquid
came out of his mouth, flowed over the key, and dripped on
the floor.

»Hören Sie nur«, sagte der Prokurist im 3.1
Nebenzimmer, »er dreht den Schlüssel um.«

"Just listen," said the authorized signatory in the next
room, "he's turning the key."

Das war für Gregor eine große Aufmunterung; 3.2

That was a great encouragement for Gregor;

aber alle hätten ihm zurufen sollen, 3.3

but everyone should have called out to him,

auch der Vater und die Mutter: 3.4

including his father and mother:

»Frisch, Gregor«, hätten sie rufen sollen, »immer nur 3.5
heran, fest an das Schloß heran!«

"Fresh, Gregor," they should have shouted, "keep coming,
keep coming to the lock!"

3.6 Und in der Vorstellung, daß alle seine Bemühungen mit Spannung verfolgten, verbiß er sich mit allem, was er an Kraft aufbringen konnte, besinnungslos in den Schlüssel.

And imagining that everyone was watching his efforts with excitement, he bit into the key with all the strength he could muster.

3.7 Je nach dem Fortschreiten der Drehung des Schlüssels umtanzte er das Schloß; hielt sich jetzt nur noch mit dem Munde aufrecht, und je nach Bedarf hing er sich an den Schlüssel oder drückte ihn dann wieder nieder mit der ganzen Last seines Körpers.

As the turning of the key progressed, he danced around the lock, holding himself upright only with his mouth, and, as required, hanging on to the key or pressing it down again with the whole weight of his body.

3.8 Der hellere Klang des endlich zurückschnappenden Schlosses erweckte Gregor förmlich.

The brighter sound of the lock finally snapping back awakened Gregor.

3.9 Aufatmend sagte er sich:

Breathing a sigh of relief, he said to himself:

3.10 »Ich habe also den Schlosser nicht gebraucht«, und legte den Kopf auf die Klinke, um die Türe gänzlich zu öffnen.

"So I didn't need the locksmith," and put his head on the handle to open the door fully.

4.1 Da er die Türe auf diese Weise öffnen mußte, war sie eigentlich schon recht weit geöffnet, und er selbst noch nicht zu sehen.

Since he had to open the door in this way, it was actually already quite open, and he himself was not yet visible.

Er mußte sich erst langsam um den einen Türflügel
herumdrehen, und zwar sehr vorsichtig, wenn er
nicht gerade vor dem Eintritt ins Zimmer plump auf
den Rücken fallen wollte.

4.2

He had to slowly turn around the door, very carefully, if he
didn't want to fall flat on his back right in front of the door.

Er war noch mit jener schwierigen Bewegung
beschäftigt und hatte nicht Zeit, auf anderes zu
achten, da hörte er schon den Prokuristen ein lautes

4.3

He was still busy with that difficult movement and had no
time to pay attention to anything else, when he heard the
procurator a loud

»Oh!« ausstoßen –

4.4

"Oh!" was exclaimed –

es klang, wie wenn der Wind saust und nun sah er
ihn auch, wie er, der der Nächste an der Türe war, die
Hand gegen den offenen Mund drückte und langsam
zurückwich, als vertreibe ihn eine unsichtbare,
gleichmäßig fortwirkende Kraft.

4.5

it sounded like the wind rushing by, and now he saw him,
too, who was the nearest to the door, pressing his hand
against his open mouth and slowly backing away as if an
invisible, constantly acting force were driving him away.

Die Mutter –

4.6

The mother –

sie stand hier trotz der Anwesenheit des Prokuristen
mit von der Nacht her noch aufgelösten, hoch sich
sträubenden Haaren –

4.7

she stood here, despite the presence of the procurator, with
her hair still disheveled from the night, standing on end –

4.8 sah zuerst mit gefalteten Händen den Vater an, ging dann zwei Schritte zu Gregor hin und fiel inmitten ihrer rings um sie herum sich ausbreitenden Röcke nieder, das Gesicht ganz unauffindbar zu ihrer Brust gesenkt.

first looked at her father with folded hands, then took two steps towards Gregor and fell down in the middle of her skirts, which were spreading out around her, her face lowered to her chest, completely unrecognizable.

4.9 Der Vater ballte mit feindseligem Ausdruck die Faust, als wolle er Gregor in sein Zimmer zurückstoßen, sah sich dann unsicher im Wohnzimmer um, beschattete dann mit den Händen die Augen und weinte, daß sich seine mächtige Brust schüttelte.

The father clenched his fist with a hostile expression, as if he wanted to push Gregor back into his room, then looked around the living room uncertainly, then shaded his eyes with his hands and wept, shaking his powerful chest.

5.1 Gregor trat nun gar nicht in das Zimmer, sondern lehnte sich von innen an den festgeriegelten Türflügel, so daß sein Leib nur zur Hälfte und darüber der seitlich geneigte Kopf zu sehen war, mit dem er zu den anderen hinüberlugte.

Gregor did not enter the room at all, but leaned against the bolted door from the inside, so that only half of his body was visible, and above it his head, tilted to one side, with which he looked over at the others.

5.2 Es war inzwischen viel heller geworden;

It had become much brighter in the meantime;

51

klar stand auf der anderen Straßenseite ein
Ausschnitt des gegenüberliegenden, endlosen,
grauschwarzen Hauses –
on the other side of the street stood a clear section of the
endless, gray-black building opposite –

5.3

es war ein Krankenhaus –
it was a hospital –

5.4

mit seinen hart die Front durchbrechenden
regelmäßigen Fenstern;
with its regular windows breaking hard through the front;

5.5

der Regen fiel noch nieder, aber nur mit großen,
einzeln sichtbaren und förmlich auch einzelnweise
auf die Erde hinuntergeworfenen Tropfen.
the rain was still falling, but only with large, individually
visible drops, which were literally thrown down to the
ground one by one.

5.6

Das Frühstücksgeschirr stand in überreicher Zahl auf
dem Tisch, denn für den Vater war das Frühstück die
wichtigste Mahlzeit des Tages, die er bei der Lektüre
verschiedener Zeitungen stundenlang hinzog.
There was an abundance of breakfast dishes on the table,
because breakfast was the most important meal of the
day for his father, who spent hours reading various
newspapers.

5.7

Gerade an der gegenüberliegenden Wand hing eine
Photographie Gregors aus seiner Militärzeit, die ihn
als Leutnant darstellte, wie er, die Hand am Degen,
sorglos lächelnd, Respekt für seine Haltung und
Uniform verlangte.
A photograph of Gregor from his military days hung on the
opposite wall, depicting him as a lieutenant, his hand on
his sword, smiling carelessly, demanding respect for his
bearing and uniform.

5.8

5.9 Die Tür zum Vorzimmer war geöffnet, und man sah, da auch die Wohnungstür offen war, auf den Vorplatz der Wohnung hinaus und auf den Beginn der abwärts führenden Treppe.

The door to the anteroom was open and, as the front door was also open, one could see out onto the forecourt of the apartment and the beginning of the downward staircase.

6.1 »Nun«, sagte Gregor und war sich dessen wohl bewußt, daß er der einzige war, der die Ruhe bewahrt hatte, »ich werde mich gleich anziehen, die Kollektion zusammenpacken und wegfahren.

"Well," said Gregor, well aware that he was the only one who had kept his cool, "I'll get dressed straight away, pack up the collection and drive away.

6.2 Wollt Ihr, wollt Ihr mich wegfahren lassen?

Will you, will you let me drive away?

6.3 Nun, Herr Prokurist, Sie sehen, ich bin nicht starrköpfig und ich arbeite gern;

Well, Mr. Prokurist, you see I'm not stubborn and I like to work;

6.4 das Reisen ist beschwerlich,

traveling is difficult,

6.5 aber ich könnte ohne das Reisen nicht leben.

but I couldn't live without it.

6.6 Wohin gehen Sie denn, Herr Prokurist? Ins Geschäft? Ja?

Where are you going, Mr. Prokurist? To the store? Yes?

6.7 Werden Sie alles wahrheitsgetreu berichten?

Will you report everything truthfully?

Man kann im Augenblick unfähig sein zu arbeiten, aber dann ist gerade der richtige Zeitpunkt, sich an die früheren Leistungen zu erinnern und zu bedenken, daß man später, nach Beseitigung des Hindernisses, gewiß desto fleißiger und gesammelter arbeiten wird. 6.8

You can be incapable of working at the moment, but that's just the right time to remember your past achievements and remember that you will certainly work all the more diligently and collectively later, once the obstacle has been removed.

Ich bin ja dem Herrn Chef so sehr verpflichtet, 6.9

I am so indebted to the boss,

das wissen Sie doch recht gut. 6.10

you know that very well.

Andererseits habe ich die Sorge um meine Eltern und die Schwester. 6.11

On the other hand, I have to worry about my parents and sister.

Ich bin in der Klemme, 6.12

I'm in a tight spot,

ich werde mich aber auch wieder herausarbeiten. 6.13

but I'll work my way out of it.

Machen Sie es mir aber nicht schwieriger, als es schon ist. 6.14

But don't make it any more difficult for me than it already is.

Halten Sie im Geschäft meine Partei! 6.15

Keep my side of the bargain!

6.16 **Man liebt den Reisenden nicht, ich weiß.**

People don't love the traveler, I know.

6.17 **Man denkt, er verdient ein Heidengeld und führt dabei ein schönes Leben.**

You think he earns a lot of money and leads a good life.

6.18 **Man hat eben keine besondere Veranlassung, dieses Vorurteil besser zu durchdenken.**

One has no particular reason to think better of this prejudice.

6.19 **Sie aber, Herr Prokurist, Sie haben einen besseren Überblick über die Verhältnisse als das sonstige Personal, ja sogar, ganz im Vertrauen gesagt, einen besseren Überblick als der Herr Chef selbst, der in seiner Eigenschaft als Unternehmer sich in seinem Urteil leicht zu Ungunsten eines Angestellten beirren läßt.**

But you, Mr. Prokurist, you have a better overview of the situation than the other staff, even, to put it in confidence, a better overview than the boss himself, who in his capacity as an entrepreneur can easily be swayed in his judgment to the disadvantage of an employee.

Sie wissen auch sehr wohl, daß der Reisende, der
fast das ganze Jahr außerhalb des Geschäfts ist, so
leicht ein Opfer von Klatschereien, Zufälligkeiten
und grundlosen Beschwerden werden kann, gegen
die sich zu wehren ihm ganz unmöglich ist, da er
von ihnen meistens gar nichts erfährt und nur dann,
wenn er erschöpft eine Reise beendet hat, zu Hause
die schlimmen, auf ihre Ursachen hin nicht mehr zu
durchschauenden Folgen am eigenen Leibe zu spüren
bekommt.

6.20

You also know very well that the traveler, who is away from
the business for most of the year, can so easily become a
victim of gossip, coincidences and groundless complaints,
against which it is quite impossible for him to defend
himself, since he usually learns nothing about them and
only then, when he has finished a journey exhausted, does
he feel the bad consequences at home, the causes of which
are no longer transparent.

Herr Prokurist, gehen Sie nicht weg, ohne mir ein
Wort gesagt zu haben, das mir zeigt, daß Sie mir
wenigstens zu einem kleinen Teil recht geben!«

6.21

Mr. Prokurist, don't go away without saying a word to show
me that you agree with me, at least in part!"

Kapitel 6

Chapter 6

1.1 **Aber der Prokurist hatte sich schon bei den ersten Worten Gregors abgewendet,**

But the procurator had already turned away at Gregor's first words and only looked back at Gregor over his shrugging shoulder,

1.2 **und nur über die zuckende Schulter hinweg sah er mit aufgeworfenen Lippen nach Gregor zurück.**

his lips curled up.

1.3 **Und während Gregors Rede stand er keinen Augenblick still, sondern verzog sich, ohne Gregor aus den Augen zu lassen, gegen die Tür, aber ganz allmählich, als bestehe ein geheimes Verbot, das Zimmer zu verlassen.**

And during Gregor's speech he did not stand still for a moment, but moved towards the door without taking his eyes off Gregor, but very gradually, as if there was a secret prohibition against leaving the room.

Schon war er im Vorzimmer, und nach der
plötzlichen Bewegung, mit der er zum letztenmal den
Fuß aus dem Wohnzimmer zog, hätte man glauben
können, er habe sich soeben die Sohle verbrannt.

1.4

He was already in the anteroom, and from the sudden
movement with which he pulled his foot out of the living
room for the last time, one might have thought he had just
burnt the sole of his foot.

Im Vorzimmer aber streckte er die rechte Hand weit
von sich zur Treppe hin, als warte dort auf ihn eine
geradezu überirdische Erlösung.

1.5

In the anteroom, however, he stretched his right hand
far out towards the stairs, as if an almost supernatural
salvation awaited him there.

Gregor sah ein, daß er den Prokuristen in dieser
Stimmung auf keinen Fall weggehen lassen dürfe,
wenn dadurch seine Stellung im Geschäft nicht aufs
äußerste gefährdet werden sollte.

2.1

Gregor realized that he could not let the procurator leave
in this mood if his position in the business was not to be
jeopardized to the utmost.

Die Eltern verstanden das alles nicht so gut;

2.2

The parents did not understand all this very well;

sie hatten sich in den langen Jahren die Überzeugung
gebildet, daß Gregor in diesem Geschäft für sein
Leben versorgt war, und hatten außerdem jetzt mit
den augenblicklichen Sorgen so viel zu tun, daß
ihnen jede Voraussicht abhanden gekommen war.

2.3

over the years they had formed the conviction that Gregor
was set for life in this business, and besides, they now had
so much to do with the worries of the moment that they
had lost all foresight.

2.4 **Aber Gregor hatte diese Voraussicht.**

But Gregor had this foresight.

2.5 **Der Prokurist mußte gehalten, beruhigt, überzeugt und schließlich gewonnen werden;**

The authorized signatory had to be kept, reassured, convinced and finally won over;

2.6 **die Zukunft Gregors und seiner Familie hing doch davon ab!**

the future of Gregor and his family depended on it!

2.7 **Wäre doch die Schwester hier gewesen! Sie war klug;**

If only the sister had been here! She was clever;

2.8 **sie hatte schon geweint, als Gregor noch ruhig auf dem Rücken lag.**

she had already cried while Gregor was still lying quietly on his back.

2.9 **Und gewiß hätte der Prokurist, dieser Damenfreund, sich von ihr lenken lassen;**

And surely the procurator, this lady friend, would have let her guide him;

2.10 **sie hätte die Wohnungstür zugemacht und ihm im Vorzimmer den Schrecken ausgeredet.**

she would have closed the door and talked him out of his fright in the anteroom.

2.11 **Aber die Schwester war eben nicht da,**

But the sister was not there,

2.12 **Gregor selbst mußte handeln.**

Gregor himself had to act.

Und ohne daran zu denken, daß er seine   3.1
gegenwärtigen Fähigkeiten, sich zu bewegen, noch
gar nicht kannte, ohne auch daran zu denken, daß
seine Rede möglicher - ja wahrscheinlicherweise
wieder nicht verstanden worden war, verließ er den
Türflügel;

And without thinking that he did not yet know his present
ability to move, without thinking that his speech had
possibly - indeed, probably - not been understood again, he
left the doorway;

schob sich durch die Öffnung;   3.2

pushed himself through the opening;

wollte zum Prokuristen hingehen,   3.3

wanted to go to the procurator,

der sich schon am Geländer des Vorplatzes   3.4
lächerlicherweise mit beiden Händen festhielt;

who was already holding on to the railing of the forecourt
ridiculously with both hands;

fiel aber sofort, nach einem Halt suchend, mit einem   3.5
kleinen Schrei auf seine vielen Beinchen nieder.

but immediately fell down on his many little legs with a
little cry, looking for a foothold.

Kaum war das geschehen, fühlte er zum erstenmal an   3.6
diesem Morgen ein körperliches Wohlbehagen;

No sooner had this happened than he felt a physical sense
of well-being for the first time that morning;

die Beinchen hatten festen Boden unter sich;   3.7

his legs had firm ground beneath them;

3.8 sie gehorchten vollkommen, wie er zu seiner Freude merkte;

they obeyed perfectly, as he realized to his delight;

3.9 strebten sogar darnach, ihn fortzutragen, wohin er wollte;

they even strove to carry him wherever he wanted to go;

3.10 und schon glaubte er, die endgültige Besserung alles Leidens stehe unmittelbar bevor.

and he already believed that the final improvement of all his suffering was imminent.

3.11 Aber im gleichen Augenblick, als er da schaukelnd vor verhaltener Bewegung, gar nicht weit von seiner Mutter entfernt, ihr gerade gegenüber auf dem Boden lag, sprang diese, die doch so ganz in sich versunken schien, mit einem Male in die Höhe, die Arme weit ausgestreckt, die Finger gespreizt, rief:

But at the same moment, as he lay there on the ground, rocking with restrained movement, not far from his mother, just opposite her, she, who seemed so absorbed in herself, suddenly jumped up, her arms stretched wide, her fingers spread, shouting:

3.12 »Hilfe, um Gottes willen Hilfe!«,

"Help, for God's sake help!",

3.13 hielt den Kopf geneigt, als wolle sie Gregor besser sehen, lief aber, im Widerspruch dazu, sinnlos zurück;

tilted her head as if she wanted to see Gregor better, but, in contradiction to this, ran back senselessly;

3.14 hatte vergessen, daß hinter ihr der gedeckte Tisch stand;

had forgotten that the laid table stood behind her;

setzte sich, als sie bei ihm angekommen war, wie in Zerstreutheit, eilig auf ihn;   3.15

when she reached it, sat down on it hastily, as if in absent-mindedness;

und schien gar nicht zu merken, daß neben ihr aus der umgeworfenen großen Kanne der Kaffee in vollem Strome auf den Teppich sich ergoß.   3.16

and did not seem to notice at all that coffee was pouring out of the overturned large pot on the carpet beside her.

»Mutter, Mutter«, sagte Gregor leise, und sah zu ihr hinauf.   4.1

"Mother, Mother," said Gregor quietly, looking up at her.

Der Prokurist war ihm für einen Augenblick ganz aus dem Sinn gekommen;   4.2

The procurator had completely slipped his mind for a moment;

dagegen konnte er sich nicht versagen,   4.3

on the other hand,

im Anblick des fließenden Kaffees mehrmals mit den Kiefern ins Leere zu schnappen.   4.4

he couldn't help snapping his jaws into nothingness several times at the sight of the flowing coffee.

Darüber schrie die Mutter neuerdings auf, flüchtete vom Tisch und fiel dem ihr entgegeneilenden Vater in die Arme.   4.5

At this, his mother cried out again, fled from the table and fell into her father's arms, who was hurrying towards her.

Aber Gregor hatte jetzt keine Zeit für seine Eltern;   4.6

But Gregor had no time for his parents now;

4.7 **der Prokurist war schon auf der Treppe;**

the attorney was already on the stairs;

4.8 **das Kinn auf dem Geländer, sah er noch zum letzten Male zurück.**

with his chin on the railing, he looked back for the last time.

4.9 **Gregor nahm einen Anlauf, um ihn möglichst sicher einzuholen;**

Gregor took a run to catch up with him as safely as possible;

4.10 **der Prokurist mußte etwas ahnen,**

the attorney must have suspected something,

4.11 **denn er machte einen Sprung über mehrere Stufen und verschwand;**

because he jumped over several steps and disappeared;

4.12 **»Huh!« aber schrie er noch,**

"Huh!" he still shouted,

4.13 **es klang durchs ganze Treppenhaus.**

and it sounded through the entire stairwell.

4.14 **Leider schien nun auch diese Flucht des Prokuristen den Vater,**

Unfortunately,

4.15 **der bisher verhältnismäßig gefaßt gewesen war,**

the procurator's flight seemed to completely confuse the father,

4.16 **völlig zu verwirren,**

who had been relatively composed until now,

denn statt selbst dem Prokuristen nachzulaufen oder wenigstens Gregor in der Verfolgung nicht zu hindern,

4.17

because instead of running after the procurator himself or at least not hindering Gregor in his pursuit,

packte er mit der Rechten den Stock des Prokuristen,

4.18

he grabbed the procurator's cane that the procurator had left on a chair with his hat and overcoat,

den dieser mit Hut und Überzieher auf einem Sessel zurückgelassen hatte,

4.19

grabbed a large newspaper from the table with his left hand and,

holte mit der Linken eine große Zeitung vom Tisch und machte sich unter Füßestampfen daran,

4.20

stamping his feet,

Gregor durch Schwenken des Stockes und der Zeitung in sein Zimmer zurückzutreiben.

4.21

set about driving Gregor back into his room by waving the stick and newspaper.

Kein Bitten Gregors half, kein Bitten wurde auch verstanden, er mochte den Kopf noch so demütig drehen, der Vater stampfte nur stärker mit den Füßen.

4.22

No amount of begging on Gregor's part helped, nor was any begging understood; however humbly he turned his head, his father only stamped his feet harder.

5.1 Drüben hatte die Mutter trotz des kühlen Wetters ein Fenster aufgerissen, und hinausgelehnt drückte sie ihr Gesicht weit außerhalb des Fensters in ihre Hände.

Over there, despite the chilly weather, the mother had torn open a window and, leaning out, she pressed her face into her hands far outside the window.

5.2 Zwischen Gasse und Treppenhaus entstand eine starke Zugluft, die Fenstervorhänge flogen auf, die Zeitungen auf dem Tische rauschten, einzelne Blätter wehten über den Boden hin.

There was a strong draught between the alley and the staircase, the window curtains flew open, the newspapers on the table rustled, individual sheets blew across the floor.

5.3 Unerbittlich drängte der Vater und stieß Zischlaute aus, wie ein Wilder.

His father pushed relentlessly and hissed like a wild man.

5.4 Nun hatte aber Gregor noch gar keine Übung im Rückwärtsgehen,

But Gregor hadn't practiced walking backwards yet,

5.5 es ging wirklich sehr langsam.

it was really very slow.

Wenn sich Gregor nur hätte umdrehen dürfen, er wäre gleich in seinem Zimmer gewesen, aber er fürchtete sich, den Vater durch die zeitraubende Umdrehung ungeduldig zu machen, und jeden Augenblick drohte ihm doch von dem Stock in des Vaters Hand der tödliche Schlag auf den Rücken oder auf den Kopf.

5.6

If only Gregor had been allowed to turn around, he would have been in his room straight away, but he was afraid of making his father impatient by turning around so quickly, and at any moment the stick in his father's hand threatened him with a fatal blow to the back or head.

Endlich aber blieb Gregor doch nichts anderes übrig, denn er merkte mit Entsetzen, daß er im Rückwärtsgehen nicht einmal die Richtung einzuhalten verstand;

5.7

At last, however, Gregor had no other choice, for he realized with horror that he could not even keep his direction while walking backwards;

und so begann er, unter unaufhörlichen ängstlichen Seitenblicken nach dem Vater, sich nach Möglichkeit rasch, in Wirklichkeit aber doch nur sehr langsam umzudrehen.

5.8

and so, with incessant anxious side glances at his father, he began to turn around as quickly as possible, but in reality only very slowly.

Vielleicht merkte der Vater seinen guten Willen, denn er störte ihn hierbei nicht, sondern dirigierte sogar hie und da die Drehbewegung von der Ferne mit der Spitze seines Stockes.

5.9

Perhaps his father noticed his good will, for he did not disturb him, but even directed the turning movement from a distance with the tip of his stick.

Kapitel 7

Chapter 7

1.1 **Wenn nur nicht dieses unerträgliche Zischen des Vaters gewesen wäre!**

If only it hadn't been for the father's unbearable hissing!

1.2 **Gregor verlor darüber ganz den Kopf.**

Gregor lost his head over it.

1.3 **Er war schon fast ganz umgedreht, als er sich, immer auf dieses Zischen horchend, sogar irrte und sich wieder ein Stück zurückdrehte.**

He had almost turned around completely when, listening to the hissing, he even made a mistake and turned back a little.

1.4 **Als er aber endlich glücklich mit dem Kopf vor der Türöffnung war, zeigte es sich, daß sein Körper zu breit war, um ohne weiteres durchzukommen.**

But when he finally got his head in front of the doorway, it turned out that his body was too wide to get through easily.

Dem Vater fiel es natürlich in seiner gegenwärtigen Verfassung auch nicht entfernt ein, etwa den anderen Türflügel zu öffnen, um für Gregor einen genügenden Durchgang zu schaffen. 1.5

Of course, in his present state, it did not even remotely occur to his father to open the other wing of the door in order to create a sufficient passage for Gregor.

Seine fixe Idee war bloß, daß Gregor so rasch als möglich in sein Zimmer müsse. 1.6

His fixed idea was simply that Gregor had to get to his room as quickly as possible.

Niemals hätte er auch die umständlichen Vorbereitungen gestattet, die Gregor brauchte, um sich aufzurichten und vielleicht auf diese Weise durch die Tür zu kommen. 1.7

He would never have allowed the laborious preparations that Gregor needed in order to stand up and perhaps get through the door in this way.

Vielmehr trieb er, als gäbe es kein Hindernis, Gregor jetzt unter besonderem Lärm vorwärts; 1.8

Instead, as if there was no obstacle, he pushed Gregor forward with a great deal of noise;

es klang schon hinter Gregor gar nicht mehr wie die Stimme bloß eines einzigen Vaters; 1.9

it no longer sounded like the voice of just one father behind Gregor;

nun gab es wirklich keinen Spaß mehr, und Gregor drängte sich – geschehe was wolle – in die Tür. 1.10

now there was really no more fun, and Gregor pushed himself into the door, come what may.

1.11 Die eine Seite seines Körpers hob sich, er lag schief in der Türöffnung, seine eine Flanke war ganz wundgerieben, an der weißen Tür blieben häßliche Flecken, bald steckte er fest und hätte sich allein nicht mehr rühren können, die Beinchen auf der einen Seite hingen zitternd oben in der Luft, die auf der anderen waren schmerzhaft zu Boden gedrückt –

One side of his body lifted up, he lay crooked in the doorway, his one flank was all rubbed raw, ugly marks remained on the white door, soon he was stuck and could not have moved on his own, the little legs on one side hung trembling in the air, those on the other were pressed painfully to the floor –

1.12 da gab ihm der Vater von hinten einen jetzt wahrhaftig erlösenden starken Stoß, und er flog, heftig blutend, weit in sein Zimmer hinein.

then his father gave him a now truly liberating strong push from behind, and he flew, bleeding profusely, far into his room.

1.13 Die Tür wurde noch mit dem Stock zugeschlagen, dann war es endlich still.

The door was slammed shut with a stick and then it was finally quiet.

2.1 Erst in der Abenddämmerung erwachte Gregor aus seinem schweren ohnmachtsähnlichen Schlaf.

It was only at dusk that Gregor awoke from his heavy, unconscious-like sleep.

Er wäre gewiß nicht viel später auch ohne Störung
erwacht, denn er fühlte sich genügend ausgeruht und
ausgeschlafen, doch schien es ihm, als hätte ihn ein
flüchtiger Schritt und ein vorsichtiges Schließen der
zum Vorzimmer führenden Tür geweckt. 2.2

He would certainly not have awakened much later without
disturbance, for he felt sufficiently rested and well-rested,
but it seemed to him that a fleeting step and a cautious
closing of the door leading to the anteroom had woken
him.

Der Schein der elektrischen Straßenlampen lag
bleich hier und da auf der Zimmerdecke und auf den
höheren Teilen der Möbel, 2.3

The glow of the electric streetlights lay pale here and there
on the ceiling and on the higher parts of the furniture,

aber unten bei Gregor war es finster. 2.4

but downstairs with Gregor it was dark.

Langsam schob er sich, noch ungeschickt mit seinen
Fühlern tastend, die er erst jetzt schätzen lernte, zur
Türe hin, um nachzusehen, was dort geschehen war. 2.5

Slowly, still clumsily feeling his way with his antennae,
which he was only now learning to appreciate, he pushed
his way towards the door to see what had happened there.

Seine linke Seite schien eine einzige lange, 2.6

His left side seemed to be one long,

unangenehm spannende Narbe und er mußte auf
seinen zwei Beinreihen regelrecht hinken. 2.7

unpleasantly tense scar and he had to limp on his two rows
of legs.

2.8 **Ein Beinchen war übrigens im Laufe der vormittägigen Vorfälle schwer verletzt worden –**
Incidentally, one of his legs had been badly injured in the course of the morning's events –

2.9 **es war fast ein Wunder, daß nur eines verletzt worden war –**
it was almost a miracle that only one had been hurt –

2.10 **und schleppte leblos nach.**
and was dragging lifelessly.

3.1 **Erst bei der Tür merkte er, was ihn dorthin eigentlich gelockt hatte;**
Only when he reached the door did he realize what had actually lured him there;

3.2 **es war der Geruch von etwas Eßbarem gewesen.**
it had been the smell of something edible.

3.3 **Denn dort stand ein Napf mit süßer Milch gefüllt,**
There was a bowl filled with sweet milk,

3.4 **in der kleine Schnitten von Weißbrot schwammen.**
with small slices of white bread floating in it.

3.5 **Fast hätte er vor Freude gelacht, denn er hatte noch größeren Hunger, als am Morgen, und gleich tauchte er seinen Kopf fast bis über die Augen in die Milch hinein.**
He almost laughed with joy, for he was even hungrier than he had been in the morning, and he immediately dipped his head into the milk almost up to his eyes.

3.6 **Aber bald zog er ihn enttäuscht wieder zurück;**
But he soon withdrew it again in disappointment;

nicht nur, daß ihm das Essen wegen seiner heiklen linken Seite Schwierigkeiten machte –

3.7

not only did his delicate left side make it difficult for him to eat –

und er konnte nur essen, wenn der ganze Körper schnaufend mitarbeitete – ,

3.8

and he could only eat when his whole body was panting –

so schmeckte ihm überdies die Milch, die sonst sein Lieblingsgetränk war, und die ihm gewiß die Schwester deshalb hereingestellt hatte, gar nicht, ja er wandte sich fast mit Widerwillen von dem Napf ab und kroch in die Zimmermitte zurück.

3.9

but the milk, which was usually his favorite drink and which the sister had certainly put in for him, did not taste good at all, and he almost turned away from the bowl with reluctance and crawled back into the middle of the room.

Im Wohnzimmer war, wie Gregor durch die Türspalte sah, das Gas angezündet, aber während sonst zu dieser Tageszeit der Vater seine nachmittags erscheinende Zeitung der Mutter und manchmal auch der Schwester mit erhobener Stimme vorzulegen pflegte, hörte man jetzt keinen Laut.

4.1

In the living room, as Gregor saw through the crack in the door, the gas had been lit, but whereas at this time of day his father used to read his afternoon newspaper to his mother and sometimes his sister in a raised voice, no sound was heard now.

Nun vielleicht war dieses Vorlesen, von dem ihm die Schwester immer erzählte und schrieb, in der letzten Zeit überhaupt aus der Übung gekommen.

4.2

Perhaps this reading aloud, which his sister always told and wrote to him about, had fallen out of practice recently.

4.3 Aber auch ringsherum war es so still,

But it was so quiet all around,

4.4 trotzdem doch gewiß die Wohnung nicht leer war.

even though the apartment was certainly not empty.

4.5 »Was für ein stilles Leben die Familie doch führte«,
sagte sich Gregor und fühlte, während er starr vor
sich ins Dunkle sah, einen großen Stolz darüber,
daß er seinen Eltern und seiner Schwester ein
solches Leben in einer so schönen Wohnung hatte
verschaffen können.

"What a quiet life the family led," said Gregor to himself,
and as he stared into the darkness before him, he felt a
great pride that he had been able to provide his parents and
sister with such a life in such a beautiful apartment.

4.6 Wie aber, wenn jetzt alle Ruhe, aller Wohlstand,
alle Zufriedenheit ein Ende mit Schrecken nehmen
sollte?

But how, if all peace, all prosperity, all contentment should
now come to an end with terror?

4.7 Um sich nicht in solche Gedanken zu verlieren,

In order not to lose himself in such thoughts,

4.8 setzte sich Gregor lieber in Bewegung und kroch im
Zimmer auf und ab.

Gregor preferred to get moving and crawled up and down
the room.

5.1 Einmal während des langen Abends wurde die eine
Seitentüre und einmal die andere bis zu einer kleinen
Spalte geöffnet und rasch wieder geschlossen;

Once during the long evening, one side door and once the
other was opened as far as a small crack and then quickly
closed again;

jemand hatte wohl das Bedürfnis hereinzukommen, 5.2

someone must have felt the need to come in,

aber auch wieder zuviele Bedenken. 5.3

but again had too many reservations.

Gregor machte nun unmittelbar bei der 5.4
Wohnzimmertür halt, entschlossen, den zögernden
Besucher doch irgendwie hereinzubringen oder doch
wenigstens zu erfahren, wer es sei;

Gregor stopped right by the living room door, determined
to somehow get the hesitant visitor in, or at least to find out
who it was;

aber nun wurde die Tür nicht mehr geöffnet und 5.5
Gregor wartete vergebens.

but now the door was no longer opened and Gregor waited
in vain.

Früh, als die Türen versperrt waren, hatten alle zu 5.6
ihm hereinkommen wollen, jetzt, da er die eine Tür
geöffnet hatte und die anderen offenbar während des
Tages geöffnet worden waren, kam keiner mehr, und
die Schlüssel steckten nun auch von außen.

Earlier, when the doors had been locked, everyone had
wanted to come in to see him, but now that he had opened
one door and the others had obviously been opened during
the day, no one was coming in and the keys were now on
the outside.

6.1 Spät erst in der Nacht wurde das Licht im
Wohnzimmer ausgelöscht, und nun war leicht
festzustellen, daß die Eltern und die Schwester so
lange wachgeblieben waren, denn wie man genau
hören konnte, entfernten sich jetzt alle drei auf den
Fußspitzen.

It was not until late at night that the light in the living
room was switched off, and now it was easy to see that
the parents and sister had stayed awake so long, for as one
could clearly hear, all three were now tiptoeing away.

6.2 Nun kam gewiß bis zum Morgen niemand mehr
zu Gregor herein; er hatte also eine lange Zeit, um
ungestört zu überlegen, wie er sein Leben jetzt neu
ordnen sollte.

Now no one was likely to come in to see Gregor until
morning, so he had a long time to think undisturbed about
how he should now reorganize his life.

Aber das hohe freie Zimmer, in dem er gezwungen
war, flach auf dem Boden zu liegen, ängstigte ihn,
ohne daß er die Ursache herausfinden konnte, denn
es war ja sein seit fünf Jahren von ihm bewohntes
Zimmer – und mit einer halb unbewußten Wendung
und nicht ohne eine leichte Scham eilte er unter das
Kanapee, wo er sich, trotzdem sein Rücken ein wenig
gedrückt wurde und trotzdem er den Kopf nicht
mehr erheben konnte, gleich sehr behaglich fühlte
und nur bedauerte, daß sein Körper zu breit war, um
vollständig unter dem Kanapee untergebracht zu
werden.

But the high open room, in which he was compelled to lie
flat on the floor, frightened him without his being able to
discover the cause, for it was the room he had occupied
for five years, and with a half unconscious turn, and not
without a slight embarrassment, he hurried under the
canapé, where, although his back was a little pressed, and
although he could no longer raise his head, he at once felt
very comfortable, and only regretted that his body was too
broad to be completely accommodated under the canapé.

Kapitel 8

Chapter 8

1.1 Dort blieb er die ganze Nacht, die er zum Teil im Halbschlaf, aus dem ihn der Hunger immer wieder aufschreckte, verbrachte, zum Teil aber in Sorgen und undeutlichen Hoffnungen, die aber alle zu dem Schlusse führten, daß er sich vorläufig ruhig verhalten und durch Geduld und größte Rücksichtnahme der Familie die Unannehmlichkeiten erträglich machen müsse, die er ihr in seinem gegenwärtigen Zustand nun einmal zu verursachen gezwungen war.

There he remained all night, partly in a half-sleep, from which he was repeatedly awakened by hunger, and partly in worries and vague hopes, which all led to the conclusion that he must keep quiet for the time being, and by patience and the greatest consideration make the family bear the inconvenience which he was forced to cause them in his present state.

Schon am frühen Morgen, es war fast noch
Nacht, hatte Gregor Gelegenheit, die Kraft seiner
eben gefaßten Entschlüsse zu prüfen, denn vom
Vorzimmer her öffnete die Schwester, fast völlig
angezogen, die Tür und sah mit Spannung herein.

2.1

Early in the morning, when it was still almost night, Gregor
had the opportunity to test the strength of the resolutions
he had just made, for the sister opened the door from the
anteroom, almost fully dressed, and looked in eagerly.

Sie fand ihn nicht gleich,

2.2

She did not find him immediately,

aber als sie ihn unter dem Kanapee bemerkte –

2.3

but when she noticed him under the canapé –

Gott, er mußte doch irgendwo sein, er hatte doch
nicht wegfliegen können –

2.4

God, he must be somewhere, he could not have flown
away –

erschrak sie so sehr, daß sie, ohne sich beherrschen
zu können, die Tür von außen wieder zuschlug.

2.5

she was so frightened that, without being able to control
herself, she slammed the door shut again from the outside.

Aber als bereue sie ihr Benehmen, öffnete sie die
Tür sofort wieder und trat, als sei sie bei einem
Schwerkranken oder gar bei einem Fremden, auf
den Fußspitzen herein.

2.6

But as if she regretted her behavior, she immediately
opened the door again and stepped in on tiptoe, as if she
were with a seriously ill person or even a stranger.

2.7 Gregor hatte den Kopf bis knapp zum Rande des Kanapees vorgeschoben und beobachtete sie.

Gregor had pushed his head forward just to the edge of the canapé and was watching her.

2.8 Ob sie wohl bemerken würde, daß er die Milch stehen gelassen hatte, und zwar keineswegs aus Mangel an Hunger, und ob sie eine andere Speise hereinbringen würde, die ihm besser entsprach?

Would she notice that he had left the milk, and not for lack of hunger, and would she bring in another dish that would suit him better?

2.9 Täte sie es nicht von selbst, er wollte lieber verhungern, als sie darauf aufmerksam machen, trotzdem es ihn eigentlich ungeheuer drängte, unterm Kanapee vorzuschießen, sich der Schwester zu Füßen zu werfen und sie um irgendetwas Gutes zum Essen zu bitten.

If she did not do so of her own accord, he would rather starve than draw her attention to it, although he felt a tremendous urge to rush forward under the canapé, throw himself at the sister's feet and ask her for something good to eat.

2.10 Aber die Schwester bemerkte sofort mit Verwunderung den noch vollen Napf, aus dem nur ein wenig Milch ringsherum verschüttet war, sie hob ihn gleich auf, zwar nicht mit den bloßen Händen, sondern mit einem Fetzen, und trug ihn hinaus.

But the sister immediately noticed with astonishment the still full bowl, from which only a little milk had spilled all around, she picked it up immediately, not with her bare hands, but with a rag, and carried it out.

Gregor war äußerst neugierig, was sie zum Ersatz bringen würde, und er machte sich die verschiedensten Gedanken darüber.

2.11

Gregor was extremely curious as to what she would bring to replace it, and he had all sorts of thoughts about it.

Niemals aber hätte er erraten können, was die Schwester in ihrer Güte wirklich tat.

2.12

But he could never have guessed what the sister was really doing in her kindness.

Sie brachte ihm, um seinen Geschmack zu prüfen, eine ganze Auswahl, alles auf einer alten Zeitung ausgebreitet.

2.13

To test his taste, she brought him a whole selection, all spread out on an old newspaper.

Da war altes halbverfaultes Gemüse;

2.14

There were old, half-rotten vegetables;

Knochen vom Nachtmahl her, die von festgewordener weißer Sauce umgeben waren;

2.15

bones from the night's meal surrounded by solidified white sauce;

ein paar Rosinen und Mandeln;

2.16

a few raisins and almonds;

ein Käse, den Gregor vor zwei Tagen für ungenießbar erklärt hatte;

2.17

a cheese that Gregor had declared inedible two days ago;

ein trockenes Brot,

2.18

a dry loaf,

ein mit Butter beschmiertes und gesalzenes Brot.

2.19

a loaf smeared with butter and salted.

2.20 Außerdem stellte sie zu dem allen noch den wahrscheinlich ein für allemal für Gregor bestimmten Napf,

To all this she added the bowl into which she had poured water,

2.21 in den sie Wasser gegossen hatte.

probably intended for Gregor once and for all.

2.22 Und aus Zartgefühl, da sie wußte, daß Gregor vor ihr nicht essen würde, entfernte sich eiligst und drehte sogar den Schlüssel um, damit nur Gregor merken könne, daß er es so behaglich machen dürfe, wie er wolle.

And out of delicacy, knowing that Gregor would not eat in front of her, she hurriedly removed herself and even turned the key so that only Gregor would realize that he could make himself as comfortable as he liked.

2.23 Gregors Beinchen schwirrten, als es jetzt zum Essen ging.

Gregor's little legs were buzzing when it was time to eat.

2.24 Seine Wunden mußten übrigens auch schon vollständig geheilt sein, er fühlte keine Behinderung mehr, er staunte darüber und dachte daran, wie er vor mehr als einem Monat sich mit dem Messer ganz wenig in den Finger geschnitten, und wie ihm diese Wunde noch vorgestern genug weh getan hatte.

Incidentally, his wounds must have healed completely by now, he no longer felt any disability, he marveled at this and thought of how he had cut his finger very slightly with a knife more than a month ago, and how this wound had hurt him enough the day before yesterday.

3.1 »Sollte ich jetzt weniger Feingefühl haben?«,

"Should I have less sensitivity now?",

dachte er und saugte schon gierig an dem Käse, zu   3.2
dem es ihn vor allen anderen Speisen sofort und
nachdrücklich gezogen hatte.

he thought, already sucking greedily on the cheese, to
which he had been immediately and emphatically drawn
before any other food.

Rasch hintereinander und mit vor Befriedigung   3.3
tränenden Augen verzehrte er den Käse, das Gemüse
und die Sauce;

In quick succession and with eyes watering with
satisfaction, he ate the cheese, the vegetables and the
sauce;

die frischen Speisen dagegen schmeckten ihm nicht,   3.4
er konnte nicht einmal ihren Geruch vertragen und
schleppte sogar die Sachen, die er essen wollte, ein
Stückchen weiter weg.

the fresh food, on the other hand, didn't taste good to him,
he couldn't even stand the smell of it and even dragged the
things he wanted to eat a little further away.

Er war schon längst mit allem fertig und lag nun   3.5
faul auf der gleichen Stelle, als die Schwester zum
Zeichen, daß er sich zurückziehen solle, langsam den
Schlüssel umdrehte.

He had long since finished everything and was now lying
lazily in the same place when the sister slowly turned the
key to indicate that he should withdraw.

Das schreckte ihn sofort auf, trotzdem er schon fast   3.6
schlummerte, und er eilte wieder unter das Kanapee.

This immediately startled him, even though he was almost
asleep, and he hurried back under the canapé.

3.7 Aber es kostete ihn große Selbstüberwindung, auch nur die kurze Zeit, während welcher die Schwester im Zimmer war, unter dem Kanapee zu bleiben, denn von dem reichlichen Essen hatte sich sein Leib ein wenig gerundet und er konnte dort in der Enge kaum atmen.

But it cost him a great deal of self-control to stay under the sofa for even the short time that the sister was in the room, for his body had rounded a little from the rich meal and he could hardly breathe there in the confinement.

3.8 Unter kleinen Erstickungsanfällen sah er mit etwas hervorgequollenen Augen zu, wie die nichtsahnende Schwester mit einem Besen nicht nur die Überbleibsel zusammenkehrte, sondern selbst die von Gregor gar nicht berührten Speisen, als seien also auch diese nicht mehr zu gebrauchen, und wie sie alles hastig in einen Kübel schüttete, den sie mit einem Holzdeckel schloß, worauf sie alles hinaustrug.

With small fits of suffocation, he watched with somewhat swollen eyes as the unsuspecting sister swept up not only the leftovers with a broom, but even the food Gregor had not touched, as if it too was no longer usable, and how she hastily poured everything into a bucket, which she closed with a wooden lid and then carried it all out.

3.9 Kaum hatte sie sich umgedreht, zog sich schon Gregor unter dem Kanapee hervor und streckte und blähte sich.

She had hardly turned around when Gregor pulled himself out from under the canapé and stretched and puffed himself up.

Auf diese Weise bekam nun Gregor täglich sein   4.1
Essen, einmal am Morgen, wenn die Eltern und
das Dienstmädchen noch schliefen, das zweitemal
nach dem allgemeinen Mittagessen, denn dann
schliefen die Eltern gleichfalls noch ein Weilchen,
und das Dienstmädchen wurde von der Schwester
mit irgendeiner Besorgung weggeschickt.

In this way Gregor got his food every day, once in the
morning when the parents and the maid were still asleep,
the second time after the general lunch, because then the
parents were also still asleep for a while, and the maid was
sent away by the sister on some errand.

Gewiß wollten auch sie nicht, daß Gregor   4.2
verhungere, aber vielleicht hätten sie es nicht
ertragen können, von seinem Essen mehr als
durch Hörensagen zu erfahren, vielleicht wollte
die Schwester ihnen auch eine möglicherweise nur
kleine Trauer ersparen, denn tatsächlich litten sie ja
gerade genug.

Certainly they did not want Gregor to starve either, but
perhaps they could not have borne to hear about his food
beyond hearsay, perhaps the sister wanted to spare them
what might have been only a little grief, for in fact they
were suffering just enough.

5.1 Mit welchen Ausreden man an jenem ersten
Vormittag den Arzt und den Schlosser wieder aus
der Wohnung geschafft hatte, konnte Gregor gar
nicht erfahren, denn da er nicht verstanden wurde,
dachte niemand daran, auch die Schwester nicht,
daß er die anderen verstehen könne, und so mußte
er sich, wenn die Schwester in seinem Zimmer war,
damit begnügen, nur hier und da ihre Seufzer und
Anrufe der Heiligen zu hören.

Gregor couldn't find out what excuses had been used to get
the doctor and the locksmith out of the apartment that first
morning, because since he couldn't be understood, no one,
not even the sister, thought that he could understand the
others, and so when the sister was in his room, he had to
be content with just hearing her sighs and calls from the
saints here and there.

5.2 Erst später,

Only later,

5.3 als sie sich ein wenig an alles gewöhnt hatte –

when she had become a little accustomed to everything –

5.4 von vollständiger Gewöhnung konnte natürlich
niemals die Rede sein – ,

of course, there could never be complete acclimatization –

5.5 erhaschte Gregor manchmal eine Bemerkung, die
freundlich gemeint war oder so gedeutet werden
konnte.

did Gregor sometimes catch a remark that was meant to be
friendly or could be interpreted as such.

»Heute hat es ihm aber geschmeckt«, sagte sie,   5.6
wenn Gregor unter dem Essen tüchtig aufgeräumt
hatte, während sie im gegenteiligen Fall, der sich
allmählich immer häufiger wiederholte, fast traurig
zu sagen pflegte:

"But he liked it today," she would say when Gregor had
cleaned up after the meal, while in the opposite case, which
gradually became more frequent, she would say almost
sadly:

»Nun ist wieder alles stehengeblieben.«   5.7

"Now everything has stopped again."

Kapitel 9

Chapter 9

1.1 Während aber Gregor unmittelbar keine Neuigkeit erfahren konnte, erhorchte er manches aus den Nebenzimmern, und wo er nur einmal Stimmen hörte, lief er gleich zu der betreffenden Tür und drückte sich mit ganzem Leib an sie.

But while Gregor couldn't hear any news directly, he heard some things from the adjoining rooms, and wherever he heard voices, he immediately ran to the door in question and pressed his whole body against it.

1.2 Besonders in der ersten Zeit gab es kein Gespräch, das nicht irgendwie, wenn auch nur im geheimen, von ihm handelte.

Especially in the early days, there was no conversation that was not somehow, even if only secretly, about him.

1.3 Zwei Tage lang waren bei allen Mahlzeiten Beratungen darüber zu hören, wie man sich jetzt verhalten solle;

For two days there were discussions at every meal about how to behave now;

aber auch zwischen den Mahlzeiten sprach man über   1.4
das gleiche Thema, denn immer waren zumindest
zwei Familienmitglieder zu Hause, da wohl niemand
allein zu Hause bleiben wollte und man die Wohnung
doch auf keinen Fall gänzlich verlassen konnte.

but even between meals the same subject was discussed,
because there were always at least two family members at
home, as no one wanted to stay at home alone and it was
impossible to leave the apartment completely.

Auch hatte das Dienstmädchen gleich am ersten   1.5
Tag –

Also, on the very first day –

es war nicht ganz klar, was und wieviel sie von dem   1.6
Vorgefallenen wußte –

it was not quite clear what and how much she knew of what
had happened –

kniefällig die Mutter gebeten, sie sofort zu   1.7
entlassen, und als sie sich eine Viertelstunde danach
verabschiedete, dankte sie für die Entlassung unter
Tränen, wie für die größte Wohltat, die man ihr
hier erwiesen hatte, und gab, ohne daß man es
von ihr verlangte, einen fürchterlichen Schwur
ab, niemandem auch nur das Geringste zu verraten.

the maid had begged her mother to dismiss her at once,
and when she said good-bye a quarter of an hour later,
she thanked her for her dismissal with tears, as if for
the greatest kindness that had been done her here, and,
without being asked to do so, made a terrible oath not to
reveal the slightest thing to anyone.

Nun mußte die Schwester im Verein mit der Mutter   2.1
auch kochen; allerdings machte das nicht viel Mühe,

Now the sister had to cook with their mother,

2.2 **denn man aß fast nichts.**

but it wasn't much trouble because they ate almost nothing.

2.3 **Immer wieder hörte Gregor, wie der eine den anderen vergebens zum Essen aufforderte und keine andere Antwort bekam, als:**

Again and again Gregor heard the one asking the other to eat in vain and getting no answer other than:

2.4 **»Danke, ich habe genug« oder etwas Ähnliches.**

"Thank you, I've had enough" or something similar.

2.5 **Getrunken wurde vielleicht auch nichts.**

Perhaps nothing was drunk either.

2.6 **Öfters fragte die Schwester den Vater, ob er Bier haben wolle, und herzlich erbot sie sich, es selbst zu holen, und als der Vater schwieg, sagte sie, um ihm jedes Bedenken zu nehmen, sie könne auch die Hausmeisterin darum schicken, aber dann sagte der Vater schließlich ein großes**

The sister often asked the father if he wanted beer, and she cordially offered to fetch it herself, and when the father remained silent, she said, to allay his concerns, that she could also send the janitor for it, but then the father finally said a big

2.7 **»Nein«, und es wurde nicht mehr davon gesprochen.**

"no", and there was no more talk of it.

3.1 **Schon im Laufe des ersten Tages legte der Vater die ganzen Vermögensverhältnisse und Aussichten sowohl der Mutter,**

During the course of the first day,

als auch der Schwester dar.   3.2

the father explained the entire financial situation and
prospects of both the mother and the sister.

Hie und da stand er vom Tische auf und holte aus   3.3
seiner kleinen Wertheimkassa, die er aus dem vor
fünf Jahren erfolgten Zusammenbruch seines
Geschäftes gerettet hatte, irgendeinen Beleg oder
irgendein Vormerkbuch.

Here and there he got up from the table and took out of his
small Wertheim cash box, which he had saved from the
collapse of his business five years before, some receipt or
ledger.

Man hörte, wie er das komplizierte Schloß aufsperrte   3.4
und nach Entnahme des Gesuchten wieder
verschloß.

You could hear him unlocking the complicated lock and
locking it again after taking out what he was looking for.

Diese Erklärungen des Vaters waren zum Teil   3.5
das erste Erfreuliche, was Gregor seit seiner
Gefangenschaft zu hören bekam.

These explanations from his father were in part the first
pleasant thing Gregor had heard since his imprisonment.

Er war der Meinung gewesen, daß dem Vater   3.6
von jenem Geschäft her nicht das Geringste
übriggeblieben war, zumindest hatte ihm der Vater
nichts Gegenteiliges gesagt, und Gregor allerdings
hatte ihn auch nicht darum gefragt.

He had been of the opinion that his father had not been left
with anything from that business, at least his father had
not told him anything to the contrary, and Gregor had not
asked him about it either.

3.7 Gregors Sorge war damals nur gewesen,
alles daranzusetzen, um die Familie das
geschäftliche Unglück, das alle in eine vollständige
Hoffnungslosigkeit gebracht hatte, möglichst rasch
vergessen zu lassen.

Gregor's only concern at the time had been to do
everything he could to make the family forget as quickly
as possible the business misfortune that had left them all
completely hopeless.

3.8 Und so hatte er damals mit ganz besonderem Feuer
zu arbeiten angefangen und war fast über Nacht aus
einem kleinen Kommis ein Reisender geworden,
der natürlich ganz andere Möglichkeiten des
Geldverdienens hatte, und dessen Arbeitserfolge
sich sofort in Form der Provision zu Bargeld
verwandelten, das der erstaunten und beglückten
Familie zu Hause auf den Tisch gelegt werden
konnte.

And so he had begun to work with particular enthusiasm
and almost overnight had turned from a small commission
man into a traveler, who of course had completely different
ways of earning money, and whose work successes
immediately turned into cash in the form of commission,
which could be placed on the table for the astonished and
happy family at home.

3.9 Es waren schöne Zeiten gewesen, und niemals
nachher hatten sie sich, wenigstens in diesem Glanze,
wiederholt, trotzdem Gregor später so viel Geld
verdiente, daß er den Aufwand der ganzen Familie zu
tragen imstande war und auch trug.

Those had been good times, and they had never been
repeated, at least not in the same splendor, even though
Gregor later earned so much money that he was able to bear
and did bear the expenses of the whole family.

Man hatte sich eben daran gewöhnt, sowohl   3.10
die Familie, als auch Gregor, man nahm das
Geld dankbar an, er lieferte es gern ab, aber eine
besondere Wärme wollte sich nicht mehr ergeben.

They had just got used to it, both the family and Gregor,
they accepted the money gratefully, he was happy to
deliver it, but there was no longer any particular warmth.

Nur die Schwester war Gregor doch noch nahe   3.11
geblieben, und es war sein geheimer Plan, sie, die
zum Unterschied von Gregor Musik sehr liebte
und rührend Violine zu spielen verstand, nächstes
Jahr, ohne Rücksicht auf die großen Kosten, die das
verursachen mußte, und die man schon auf andere
Weise hereinbringen würde, auf das Konservatorium
zu schicken.

Only his sister had remained close to Gregor, and it was his
secret plan to send her, who, unlike Gregor, loved music
very much and knew how to play the violin very well, to the
conservatory next year, regardless of the great costs this
would entail, which would have to be raised in other ways.

Öfters während der kurzen Aufenthalte Gregors in   3.12
der Stadt wurde in den Gesprächen mit der Schwester
das Konservatorium erwähnt, aber immer nur als
schöner Traum, an dessen Verwirklichung nicht zu
denken war, und die Eltern hörten nicht einmal diese
unschuldigen Erwähnungen gern;

During Gregor's short stays in the city, the conservatory
was often mentioned in conversation with his sister, but
always only as a beautiful dream, the realization of which
was not to be thought of, and his parents did not even like
to hear these innocent mentions;

3.13 aber Gregor dachte sehr bestimmt daran und beabsichtigte, es am Weihnachtsabend feierlich zu erklären.

but Gregor thought of it very definitely and intended to declare it solemnly on Christmas Eve.

4.1 Solche in seinem gegenwärtigen Zustand ganz nutzlose Gedanken gingen ihm durch den Kopf, während er dort aufrecht an der Türe klebte und horchte.

Such thoughts, quite useless in his present state, ran through his mind as he stood there, glued to the door, listening.

4.2 Manchmal konnte er vor allgemeiner Müdigkeit gar nicht mehr zuhören und ließ den Kopf nachlässig gegen die Tür schlagen, hielt ihn aber sofort wieder fest, denn selbst das kleine Geräusch, das er damit verursacht hatte, war nebenan gehört worden und hatte alle verstummen lassen.

Sometimes he couldn't listen at all because of his general tiredness and let his head bang carelessly against the door, but immediately held it again, because even the small noise he had made with it had been heard next door and had silenced everyone.

4.3 »Was er nur wieder treibt«, sagte der Vater nach einer Weile, offenbar zur Türe hingewendet, und dann erst wurde das unterbrochene Gespräch allmählich wieder aufgenommen.

"What's he up to again," said the father after a while, apparently turning towards the door, and only then did the interrupted conversation gradually resume.

5.1 Gregor erfuhr nun zur Genüge –

Gregor now learned in detail –

denn der Vater pflegte sich in seinen Erklärungen 5.2
öfters zu wiederholen, teils, weil er selbst sich mit
diesen Dingen schon lange nicht beschäftigt hatte,
teils auch, weil die Mutter nicht alles gleich beim
ersten Mal verstand – ,

for his father often repeated himself in his explanations,
partly because he himself had not dealt with these
things for a long time, partly because his mother did not
understand everything the first time –

daß trotz allen Unglücks ein allerdings ganz kleines 5.3
Vermögen aus der alten Zeit noch vorhanden war, das
die nicht angerührten Zinsen in der Zwischenzeit ein
wenig hatten anwachsen lassen.

that despite all the misfortune, there was still a very small
fortune from the old days, which the untouched interest
had allowed to grow a little in the meantime.

Außerdem aber war das Geld, 5.4

Moreover,

das Gregor allmonatlich nach Hause gebracht hatte – 5.5

the money that Gregor had brought home every month –

er selbst hatte nur ein paar Gulden für sich 5.6
behalten – ,

he had only kept a few guilders for himself – ,

nicht vollständig aufgebraucht worden und hatte 5.7
sich zu einem kleinen Kapital angesammelt.

had not been used up completely and had accumulated into
a small capital.

Gregor, hinter seiner Türe, nickte eifrig, erfreut über 5.8
diese unerwartete Vorsicht und Sparsamkeit.

Gregor, behind his door, nodded eagerly, pleased at this
unexpected prudence and thrift.

5.9 Eigentlich hätte er ja mit diesen überschüssigen Geldern die Schuld des Vaters gegenüber dem Chef weiter abgetragen haben können, und jener Tag, an dem er diesen Posten hätte loswerden können, wäre weit näher gewesen, aber jetzt war es zweifellos besser so, wie es der Vater eingerichtet hatte.

Actually, he could have used these surplus funds to pay off his father's debt to the boss, and the day when he could have got rid of this position would have been much closer, but now it was undoubtedly better the way his father had arranged it.

Kapitel 10

Chapter 10

1.1 Nun genügte dieses Geld aber ganz und gar nicht, um die Familie etwa von den Zinsen leben zu lassen;

But this money was not at all enough to let the family live off the interest;

1.2 es genügte vielleicht, um die Familie ein, höchstens zwei Jahre zu erhalten, mehr war es nicht.

it was perhaps enough to keep the family going for one or two years at most, but that was all.

1.3 Es war also bloß eine Summe, die man eigentlich nicht angreifen durfte, und die für den Notfall zurückgelegt werden mußte;

So it was just a sum that could not really be tapped and had to be put aside for emergencies;

1.4 das Geld zum Leben aber mußte man verdienen.

but the money to live on had to be earned.

Nun war aber der Vater ein zwar gesunder, aber alter Mann, der schon fünf Jahre nichts gearbeitet hatte und sich jedenfalls nicht viel zutrauen durfte; 1.5

Now the father was a healthy but old man who had not worked for five years and could not trust himself to do much;

er hatte in diesen fünf Jahren, welche die ersten Ferien seines mühevollen und doch erfolglosen Lebens waren, viel Fett angesetzt und war dadurch recht schwerfällig geworden. 1.6

he had put on a lot of fat in those five years, which were the first vacations of his laborious and yet unsuccessful life, and had become quite ponderous as a result.

Und die alte Mutter sollte nun vielleicht Geld verdienen, die an Asthma litt, der eine Wanderung durch die Wohnung schon Anstrengung verursachte, und die jeden zweiten Tag in Atembeschwerden auf dem Sopha beim offenen Fenster verbrachte? 1.7

And the old mother, who suffered from asthma, which made even a walk around the house an effort, and who spent every other day on the sopha by the open window with breathing difficulties, was perhaps supposed to earn money?

1.8 Und die Schwester sollte Geld verdienen, die noch ein Kind war mit ihren siebzehn Jahren, und der ihre bisherige Lebensweise so sehr zu gönnen war, die daraus bestanden hatte, sich nett zu kleiden, lange zu schlafen, in der Wirtschaft mitzuhelfen, an ein paar bescheidenen Vergnügungen sich zu beteiligen und vor allem Violine zu spielen?

And the sister, who was still a child at the age of seventeen, and who was so much to be commended for her previous way of life, which had consisted of dressing nicely, sleeping late, helping out in the household, taking part in a few modest amusements and, above all, playing the violin, was supposed to earn money?

1.9 Wenn die Rede auf diese Notwendigkeit des Geldverdienens kam, ließ zuerst immer Gregor die Türe los und warf sich auf das neben der Tür befindliche kühle Ledersofa, denn ihm war ganz heiß vor Beschämung und Trauer.

Whenever this necessity of earning money was mentioned, Gregor always let go of the door first and threw himself onto the cool leather sofa next to the door, for he was hot with shame and grief.

2.1 Oft lag er dort die ganzen langen Nächte über,

He would often lie there all night long,

2.2 schlief keinen Augenblick und scharrte nur stundenlang auf dem Leder.

not sleeping for a moment and just pawing at the leather for hours on end.

Oder er scheute nicht die große Mühe, einen Sessel 2.3
zum Fenster zu schieben, dann die Fensterbrüstung
hinaufzukriechen und, in den Sessel gestemmt, sich
ans Fenster zu lehnen, offenbar nur in irgendeiner
Erinnerung an das Befreiende, das früher für ihn
darin gelegen war, aus dem Fenster zu schauen.

Or he would go to great lengths to push an armchair to the
window, then crawl up the window sill and, leaning into
the armchair, lean against the window, apparently only in
some memory of the liberating effect that looking out of
the window had once had on him.

Denn tatsächlich sah er von Tag zu Tag die auch nur 2.4
ein wenig entfernten Dinge immer undeutlicher;

For indeed, from day to day he saw things even a little
further away more and more indistinctly;

das gegenüberliegende Krankenhaus, dessen nur 2.5
allzu häufigen Anblick er früher verflucht hatte,
bekam er überhaupt nicht mehr zu Gesicht, und
wenn er nicht genau gewußt hätte, daß er in der
stillen, aber völlig städtischen Charlottenstraße
wohnte, hätte er glauben können, von seinem
Fenster aus in eine Einöde zu schauen, in welcher der
graue Himmel und die graue Erde ununterscheidbar
sich vereinigten.

he no longer saw the hospital opposite, the all too frequent
sight of which he used to curse, and if he had not known
exactly that he lived in the quiet but completely urban
Charlottenstrasse, he might have thought he was looking
out of his window into a wasteland in which the gray sky
and the gray earth were indistinguishably united.

2.6 Nur zweimal hatte die aufmerksame Schwester sehen müssen, daß der Sessel beim Fenster stand, als sie schon jedesmal, nachdem sie das Zimmer aufgeräumt hatte, den Sessel wieder genau zum Fenster hinschob, ja sogar von nun ab den inneren Fensterflügel offen ließ.

Only twice had the attentive sister had to see that the armchair was by the window, when each time, after she had tidied the room, she pushed the armchair right up to the window again, even leaving the inner casement open from then on.

3.1 Hätte Gregor nur mit der Schwester sprechen und ihr für alles danken können, was sie für ihn machen mußte, er hätte ihre Dienste leichter ertragen;

If Gregor could only have spoken to the sister and thanked her for everything she had to do for him, he would have borne her services more easily;

3.2 so aber litt er darunter.

but as it was, he suffered.

3.3 Die Schwester suchte freilich die Peinlichkeit des Ganzen möglichst zu verwischen, und je längere Zeit verging, desto besser gelang es ihr natürlich auch, aber auch Gregor durchschaute mit der Zeit alles viel genauer.

Of course, the sister tried to conceal the embarrassment of the whole thing as much as possible, and the longer time passed, the better she succeeded, but Gregor also saw through everything much more clearly as time went on.

3.4 Schon ihr Eintritt war für ihn schrecklich.

Even her entrance was terrible for him.

Kaum war sie eingetreten, lief sie, ohne sich Zeit zu   3.5
nehmen, die Türe zu schließen, so sehr sie sonst
darauf achtete, jedem den Anblick von Gregors
Zimmer zu ersparen, geradewegs zum Fenster und
riß es, als ersticke sie fast, mit hastigen Händen
auf, blieb auch, selbst wenn es noch so kalt war, ein
Weilchen beim Fenster und atmete tief.

As soon as she had entered, she ran straight to the window
without taking time to close the door, no matter how
careful she was to spare everyone the sight of Gregor's
room, and tore it open with hasty hands as if she were
almost suffocating, staying by the window for a while and
breathing deeply, no matter how cold it was.

Mit diesem Laufen und Lärmen erschreckte sie   3.6
Gregor täglich zweimal;

She frightened Gregor twice a day with this running and
making a noise;

die ganze Zeit über zitterte er unter dem Kanapee und   3.7
wußte doch sehr gut, daß sie ihn gewiß gerne damit
verschont hätte, wenn es ihr nur möglich gewesen
wäre, sich in einem Zimmer, in dem sich Gregor
befand, bei geschlossenem Fenster aufzuhalten.

all the time he was shivering under the sofa, and yet he
knew very well that she would certainly have liked to spare
him this, if it had only been possible for her to stay in a
room where Gregor was, with the window closed.

4.1 Einmal, es war wohl schon ein Monat seit Gregors Verwandlung vergangen, und es war doch schon für die Schwester kein besonderer Grund mehr, über Gregors Aussehen in Erstaunen zu geraten, kam sie ein wenig früher als sonst und traf Gregor noch an, wie er, unbeweglich und so recht zum Erschrecken aufgestellt, aus dem Fenster schaute.

Once, it had probably been a month since Gregor's transformation, and it was no longer any particular reason for the sister to be astonished at Gregor's appearance, she arrived a little earlier than usual and found Gregor looking out of the window, motionless and looking quite frightened.

4.2 Es wäre für Gregor nicht unerwartet gewesen, wenn sie nicht eingetreten wäre, da er sie durch seine Stellung verhinderte, sofort das Fenster zu öffnen, aber sie trat nicht nur nicht ein, sie fuhr sogar zurück und schloß die Tür;

It would not have been unexpected for Gregor if she had not entered, as his position prevented her from opening the window immediately, but not only did she not enter, she even moved back and closed the door;

4.3 ein Fremder hätte geradezu denken können, Gregor habe ihr aufgelauert und habe sie beißen wollen.

a stranger might have thought that Gregor had ambushed her and wanted to bite her.

4.4 Gregor versteckte sich natürlich sofort unter dem Kanapee, aber er mußte bis zum Mittag warten, ehe die Schwester wiederkam, und sie schien viel unruhiger als sonst.

Gregor, of course, immediately hid under the canapé, but he had to wait until noon before the sister returned, and she seemed much more restless than usual.

Er erkannte daraus, daß ihr sein Anblick noch immer unerträglich war und ihr auch weiterhin unerträglich bleiben müsse, und daß sie sich wohl sehr überwinden mußte, vor dem Anblick auch nur der kleinen Partie seines Körpers nicht davonzulaufen, mit der er unter dem Kanapee hervorragte.

4.5

He realized from this that the sight of him was still unbearable to her and must continue to be unbearable, and that she would have to make a great effort not to run away from the sight of even the small part of his body protruding from under the sofa.

Um ihr auch diesen Anblick zu ersparen,

4.6

To spare her this sight also,

trug er eines Tages auf seinem Rücken –

4.7

he carried the sheet on his back one day –

er brauchte zu dieser Arbeit vier Stunden –

4.8

it took him four hours to do this work –

das Leintuch auf das Kanapee und ordnete es in einer solchen Weise an, daß er nun gänzlich verdeckt war, und daß die Schwester, selbst wenn sie sich bückte, ihn nicht sehen konnte.

4.9

and arranged it in such a way that he was now completely covered, and that the sister, even when she bent down, could not see him.

4.10 Wäre dieses Leintuch ihrer Meinung nach nicht nötig
gewesen, dann hätte sie es ja entfernen können, denn
daß es nicht zum Vergnügen Gregors gehören konnte,
sich so ganz und gar abzusperren, war doch klar
genug, aber sie ließ das Leintuch, so wie es war, und
Gregor glaubte sogar einen dankbaren Blick erhascht
zu haben, als er einmal mit dem Kopf vorsichtig das
Leintuch ein wenig lüftete, um nachzusehen, wie die
Schwester die neue Einrichtung aufnahm.

If, in her opinion, this sheet had not been necessary, she
could have removed it, for it was clear enough that it could
not be part of Gregor's pleasure to shut himself off so
completely, but she left the sheet as it was, and Gregor
thought he even caught a grateful glance when he once
carefully lifted the sheet a little with his head to see how
the sister took the new arrangement.

5.1 In den ersten vierzehn Tagen konnten es die Eltern
nicht über sich bringen, zu ihm hereinzukommen,
und er hörte oft, wie sie die jetzige Arbeit der
Schwester völlig erkannten, während sie sich bisher
häufig über die Schwester geärgert hatten, weil sie
ihnen als ein etwas nutzloses Mädchen erschienen
war.

During the first fortnight the parents could not bring
themselves to come in to see him, and he often heard
them fully recognizing the sister's present work, whereas
hitherto they had often been annoyed with the sister
because she had seemed to them a somewhat useless girl.

Nun aber warteten oft beide, der Vater und die Mutter, vor Gregors Zimmer, während die Schwester dort aufräumte, und kaum war sie herausgekommen, mußte sie ganz genau erzählen, wie es in dem Zimmer aussah, was Gregor gegessen hatte, wie er sich diesmal benommen hatte, und ob vielleicht eine kleine Besserung zu bemerken war.

5.2

Now, however, both father and mother often waited outside Gregor's room while the sister tidied up, and as soon as she came out, she had to tell them exactly what the room looked like, what Gregor had eaten, how he had behaved this time, and whether there had perhaps been a slight improvement.

Die Mutter übrigens wollte verhältnismäßig bald Gregor besuchen, aber der Vater und die Schwester hielten sie zuerst mit Vernunftgründen zurück, denen Gregor sehr aufmerksam zuhörte, und die er vollständig billigte.

5.3

Incidentally, the mother wanted to visit Gregor relatively soon, but the father and sister held her back at first with reasons of reason, which Gregor listened to very attentively and which he fully approved of.

Später aber mußte man sie mit Gewalt zurückhalten, und wenn sie dann rief:

5.4

Later, however, they had to hold her back by force, and when she cried out:

»Laßt mich doch zu Gregor,

5.5

"Let me see Gregor,

er ist ja mein unglücklicher Sohn!

5.6

he is my unhappy son!

Begreift ihr es denn nicht, daß ich zu ihm muß?«,

5.7

Don't you realize that I have to see him?",

5.8 dann dachte Gregor, daß es vielleicht doch gut
wäre, wenn die Mutter hereinkäme, nicht jeden
Tag natürlich, aber vielleicht einmal in der Woche;
then Gregor thought that perhaps it would be good if his
mother came in, not every day of course, but perhaps once
a week;

5.9 sie verstand doch alles viel besser als die Schwester,
she understood everything much better than his sister,

5.10 die trotz all ihrem Mute doch nur ein Kind war und
im letzten Grunde vielleicht nur aus kindlichem
Leichtsinn eine so schwere Aufgabe übernommen
hatte.
who despite all her courage was only a child after all and
had perhaps only taken on such a difficult task out of
childish recklessness.

Kapitel 11
Chapter 11

1.1 Der Wunsch Gregors, die Mutter zu sehen, ging bald in Erfüllung.

Gregor's wish to see his mother was soon fulfilled.

1.2 Während des Tages wollte Gregor schon aus Rücksicht auf seine Eltern sich nicht beim Fenster zeigen, kriechen konnte er aber auf den paar Quadratmetern des Fußbodens auch nicht viel, das ruhige Liegen ertrug er schon während der Nacht schwer, das Essen machte ihm bald nicht mehr das geringste Vergnügen, und so nahm er zur Zerstreuung die Gewohnheit an, kreuz und quer über Wände und Plafond zu kriechen.

During the day, Gregor did not want to show himself at the window out of consideration for his parents, but he could not crawl much on the few square meters of the floor either, he found it difficult to lie quietly during the night, eating soon no longer gave him the slightest pleasure, and so he took up the habit of crawling all over the walls and ceiling to distract himself.

1.3 Besonders oben auf der Decke hing er gern;

He especially liked hanging on the ceiling;

es war ganz anders, als das Liegen auf dem Fußboden; 1.4
it was quite different from lying on the floor;

man atmete freier; 1.5
one breathed more freely;

ein leichtes Schwingen ging durch den Körper; 1.6
a slight swaying went through the body;

und in der fast glücklichen Zerstreutheit, in der sich 1.7
Gregor dort oben befand, konnte es geschehen, daß
er zu seiner eigenen Überraschung sich losließ und
auf den Boden klatschte.
and in the almost happy absent-mindedness in which
Gregor found himself up there, it could happen that to his
own surprise he let himself go and slapped the floor.

Aber nun hatte er natürlich seinen Körper ganz 1.8
anders in der Gewalt als früher und beschädigte
sich selbst bei einem so großen Falle nicht.
But now, of course, he had a completely different grip on
his body than before and did not damage himself even in
such a big fall.

Die Schwester nun bemerkte sofort die neue 1.9
Unterhaltung, die Gregor für sich gefunden hatte –
The sister immediately noticed the new entertainment
Gregor had found for himself –

er hinterließ ja auch beim Kriechen hie und da 1.10
Spuren seines Klebstoffes – ,
he left traces of his glue here and there as he crawled –

1.11 **und da setzte sie es sich in den Kopf, Gregor das Kriechen in größtem Ausmaße zu ermöglichen und die Möbel, die es verhinderten, also vor allem den Kasten und den Schreibtisch, wegzuschaffen.**

and so she took it into her head to make it possible for Gregor to crawl to the greatest possible extent and to remove the furniture that prevented it, above all the box and the desk.

2.1 **Nun war sie aber nicht imstande, dies allein zu tun;**

But now she was not able to do this alone;

2.2 **den Vater wagte sie nicht um Hilfe zu bitten;**

she did not dare to ask her father for help;

2.3 **das Dienstmädchen hätte ihr ganz gewiß nicht geholfen, denn dieses etwa sechzehnjährige Mädchen harrte zwar tapfer seit Entlassung der früheren Köchin aus, hatte aber um die Vergünstigung gebeten, die Küche unaufhörlich versperrt halten zu dürfen und nur auf besonderen Anruf öffnen zu müssen;**

the maid would certainly not have helped her, for this girl of about sixteen had held out bravely since the dismissal of the former cook, but had asked for the privilege of being allowed to keep the kitchen permanently locked and only having to open it on special call;

2.4 **so blieb der Schwester also nichts übrig, als einmal in Abwesenheit des Vaters die Mutter zu holen.**

so the sister had no choice but to fetch her mother once in her father's absence.

Mit Ausrufen erregter Freude kam die Mutter auch heran, verstummte aber an der Tür vor Gregors Zimmer.

2.5

With exclamations of excited joy, the mother also approached, but fell silent at the door outside Gregor's room.

Zuerst sah natürlich die Schwester nach, ob alles im Zimmer in Ordnung war;

2.6

First, of course, the sister checked that everything was all right in the room;

dann erst ließ sie die Mutter eintreten.

2.7

only then did she allow the mother to enter.

Gregor hatte in größter Eile das Leintuch noch tiefer und mehr in Falten gezogen, das Ganze sah wirklich nur wie ein zufällig über das Kanapee geworfenes Leintuch aus.

2.8

Gregor had pulled the sheet deeper and deeper into folds in great haste; the whole thing really looked like a sheet thrown haphazardly over the canapé.

Gregor unterließ auch diesmal, unter dem Leintuch zu spionieren;

2.9

This time, too, Gregor refrained from spying under the sheet;

er verzichtete darauf, die Mutter schon diesmal zu sehen, und war nur froh, daß sie nun doch gekommen war.

2.10

he refrained from seeing his mother this time and was only glad that she had come after all.

112

2.11 »Komm nur, man sieht ihn nicht«, sagte die Schwester, und offenbar führte sie die Mutter an der Hand.

"Come on, you can't see him," said the sister, and she was obviously leading the mother by the hand.

2.12 Gregor hörte nun, wie die zwei schwachen Frauen den immerhin schweren alten Kasten von seinem Platze rückten, und wie die Schwester immerfort den größten Teil der Arbeit für sich beanspruchte, ohne auf die Warnungen der Mutter zu hören, welche fürchtete, daß sie sich überanstrengen werde.

Gregor now heard how the two weak women moved the heavy old box from its place, and how the sister kept claiming most of the work for herself, without listening to the warnings of her mother, who feared that she would overexert herself.

2.13 Es dauerte sehr lange.

It took a very long time.

2.14 Wohl nach schon viertelstündiger Arbeit sagte die Mutter, man solle den Kasten doch lieber hier lassen, denn erstens sei er zu schwer, sie würden vor Ankunft des Vaters nicht fertig werden und mit dem Kasten in der Mitte des Zimmers Gregor jeden Weg verrammeln, zweitens aber sei es doch gar nicht sicher, daß Gregor mit der Entfernung der Möbel ein Gefallen geschehe.

After a quarter of an hour's work, the mother said that it would be better to leave the box here because, firstly, it was too heavy, they would not be finished before the father arrived and with the box in the middle of the room it would block Gregor's way, and secondly, it was not at all certain that Gregor was doing himself a favor by removing the furniture.

Ihr scheine das Gegenteil der Fall zu sein; 2.15
It seemed to her that the opposite was the case;

ihr bedrücke der Anblick der leeren Wand geradezu 2.16
das Herz;
the sight of the empty wall made her heart ache;

und warum solle nicht auch Gregor diese 2.17
Empfindung haben,
and why shouldn't Gregor feel the same way,

da er doch an die Zimmermöbel längst gewöhnt sei 2.18
und sich deshalb im leeren Zimmer verlassen fühlen
werde.
since he had long been used to the furniture and would
therefore feel abandoned in the empty room.

»Und ist es dann nicht so«, schloß die Mutter ganz 3.1
leise, wie sie überhaupt fast flüsterte, als wolle sie
vermeiden, daß Gregor, dessen genauen Aufenthalt
sie ja nicht kannte, auch nur den Klang der Stimme
höre, denn daß er die Worte nicht verstand, davon
war sie überzeugt, »und ist es nicht so, als ob wir
durch die Entfernung der Möbel zeigten, daß wir
jede Hoffnung auf Besserung aufgeben und ihn
rücksichtslos sich selbst überlassen?
"And then isn't it as if," concluded her mother very quietly,
almost whispering, as if she wanted to prevent Gregor,
whose exact whereabouts she did not know, from even
hearing the sound of her voice, for she was convinced
that he did not understand the words, "and isn't it as if by
removing the furniture we were showing that we are giving
up all hope of improvement and leaving him to his own
devices?

3.2 Ich glaube, es wäre das beste, wir suchen das Zimmer genau in dem Zustand zu erhalten, in dem es früher war, damit Gregor, wenn er wieder zu uns zurückkommt, alles unverändert findet und umso leichter die Zwischenzeit vergessen kann.«

I think it would be best if we tried to keep the room exactly as it was before, so that when Gregor comes back to us he will find everything unchanged and will be able to forget the intervening period all the more easily."

4.1 Beim Anhören dieser Worte der Mutter erkannte Gregor, daß der Mangel jeder unmittelbaren menschlichen Ansprache, verbunden mit dem einförmigen Leben inmitten der Familie, im Laufe dieser zwei Monate seinen Verstand hatte verwirren müssen, denn anders konnte er es sich nicht erklären, daß er ernsthaft danach hatte verlangen könne, daß sein Zimmer ausgeleert würde.

Listening to his mother's words, Gregor realized that the lack of any direct human contact, combined with the monotonous life in the midst of the family, must have confused his mind during these two months, for otherwise he could not explain why he could seriously desire that his room should be emptied.

4.2 Hatte er wirklich Lust, das warme, mit ererbten Möbeln gemütlich ausgestattete Zimmer in eine Höhle verwandeln zu lassen, in der er dann freilich nach allen Richtungen ungestört würde kriechen können, jedoch auch unter gleichzeitigem schnellen, gänzlichen Vergessen seiner menschlichen Vergangenheit?

Did he really feel like having the warm room, comfortably furnished with inherited furniture, turned into a cave, in which he would then be able to crawl undisturbed in all directions, but at the same time quickly and completely forgetting his human past?

War er doch jetzt schon nahe daran, zu vergessen, und nur die seit langem nicht gehörte Stimme der Mutter hatte ihn aufgerüttelt. 4.3

He was already close to forgetting, and only his mother's voice, unheard for a long time, had shaken him up.

Nichts sollte entfernt werden; alles mußte bleiben; 4.4

Nothing was to be removed; everything had to remain;

die guten Einwirkungen der Möbel auf seinen Zustand konnte er nicht entbehren; 4.5

he could not do without the good effects of the furniture on his condition;

und wenn die Möbel ihn hinderten, das sinnlose Herumkriechen zu betreiben, so war es kein Schaden, sondern ein großer Vorteil. 4.6

and if the furniture prevented him from crawling about senselessly, it was no harm, but a great advantage.

Aber die Schwester war leider anderer Meinung; 5.1

But the sister was unfortunately of a different opinion;

5.2 sie hatte sich, allerdings nicht ganz unberechtigt, angewöhnt, bei Besprechung der Angelegenheiten Gregors als besonders Sachverständige gegenüber den Eltern aufzutreten, und so war auch jetzt der Rat der Mutter für die Schwester Grund genug, auf der Entfernung nicht nur des Kastens und des Schreibtisches, an die sie zuerst allein gedacht hatte, sondern auf der Entfernung sämtlicher Möbel, mit Ausnahme des unentbehrlichen Kanapees, zu bestehen.

she had got into the habit, not entirely unjustifiably, of acting as a special expert to the parents when discussing Gregor's affairs, and so the mother's advice was now reason enough for the sister to insist not only on the removal of the box and the desk, which she had first thought of alone, but on the removal of all the furniture, with the exception of the indispensable canapé.

5.3 Es war natürlich nicht nur kindlicher Trotz und das in der letzten Zeit so unerwartet und schwer erworbene Selbstvertrauen,

Of course,

5.4 das sie zu dieser Forderung bestimmte;

it was not only childish defiance and the self-confidence so unexpectedly and with such difficulty acquired in recent times that led her to make this demand;

5.5 sie hatte doch auch tatsächlich beobachtet, daß Gregor viel Raum zum Kriechen brauchte, dagegen die Möbel, soweit man sehen konnte, nicht im geringsten benützte.

she had actually observed that Gregor needed a lot of room to crawl, but did not use the furniture in the slightest as far as one could see.

Vielleicht aber spielte auch der schwärmerische Sinn der Mädchen ihres Alters mit, der bei jeder Gelegenheit seine Befriedigung sucht, und durch den Grete jetzt sich dazu verlocken ließ, die Lage Gregors noch schreckenerregender machen zu wollen, um dann noch mehr als bis jetzt für ihn leisten zu können.

6.1

But perhaps it was also the rapturous senses of girls her age, which seek satisfaction at every opportunity, and which now tempted Grete to want to make Gregor's situation even more frightening so that she could do even more for him than before.

Denn in einen Raum, in dem Gregor ganz allein die leeren Wände beherrschte, würde wohl kein Mensch außer Grete jemals einzutreten sich getrauen.

6.2

For no one but Grete would ever dare to enter a room in which Gregor alone dominated the empty walls.

Und so ließ sie sich von ihrem Entschlusse durch die Mutter nicht abbringen, die auch in diesem Zimmer vor lauter Unruhe unsicher schien, bald verstummte und der Schwester nach Kräften beim Hinausschaffen des Kastens half.

6.3

And so she was not dissuaded from her decision by her mother, who also seemed unsure of herself in this room because of her restlessness, soon fell silent and helped her sister as much as she could to get the box out.

Nun, den Kasten konnte Gregor im Notfall noch entbehren, aber schon der Schreibtisch mußte bleiben.

6.4

Well, Gregor could do without the box in an emergency, but the desk had to stay.

6.5 Und kaum hatten die Frauen mit dem Kasten, an den sie sich ächzend drückten, das Zimmer verlassen, als Gregor den Kopf unter dem Kanapee hervorstieß, um zu sehen, wie er vorsichtig und möglichst rücksichtsvoll eingreifen könnte.

And the women had hardly left the room with the box, to which they groaned, when Gregor poked his head out from under the canapé to see how he could intervene carefully and as considerately as possible.

6.6 Aber zum Unglück war es gerade die Mutter, welche zuerst zurückkehrte, während Grete im Nebenzimmer den Kasten umfangen hielt und ihn allein hin und her schwang, ohne ihn natürlich von der Stelle zu bringen.

But unfortunately, it was the mother who returned first, while Grete held the box in the next room and swung it back and forth without, of course, moving it.

6.7 Die Mutter aber war Gregors Anblick nicht gewöhnt, er hätte sie krank machen können, und so eilte Gregor erschrocken im Rückwärtslauf bis an das andere Ende des Kanapees, konnte es aber nicht mehr verhindern, daß das Leintuch vorne ein wenig sich bewegte.

The mother, however, was not used to the sight of Gregor, it could have made her ill, and so Gregor, frightened, rushed backwards to the other end of the canapé, but could no longer prevent the sheet in front from moving a little.

6.8 Das genügte, um die Mutter aufmerksam zu machen. Sie stockte,

That was enough to alert his mother. She stopped,

stand einen Augenblick still und ging dann zu Grete 6.9
zurück.

stood still for a moment and then went back to Grete.

Kapitel 12

Chapter 12

1.1 Trotzdem sich Gregor immer wieder sagte, daß ja nichts Außergewöhnliches geschehe, sondern nur ein paar Möbel umgestellt würden, wirkte doch, wie er sich bald eingestehen mußte, dieses Hin - und Hergehen der Frauen, ihre kleinen Zurufe, das Kratzen der Möbel auf dem Boden, wie ein großer, von allen Seiten genährter Trubel auf ihn, und er mußte sich, so fest er Kopf und Beine an sich zog und den Leib bis an den Boden drückte, unweigerlich sagen, daß er das Ganze nicht lange aushalten werde.

Although Gregor kept telling himself that nothing out of the ordinary was happening, that it was just a few pieces of furniture being moved, he soon had to admit that the women's pacing back and forth, their little shouts, the scraping of the furniture on the floor, had the effect on him of a great commotion nourished from all sides, and no matter how tightly he pulled his head and legs against him and pressed his body to the floor, he could not help saying that he would not be able to stand it all for long.

1.2 Sie räumten ihm sein Zimmer aus;

They cleared out his room;

nahmen ihm alles, was ihm lieb war; 1.3

they took everything that was dear to him;

den Kasten, in dem die Laubsäge und andere 1.4
Werkzeuge lagen, hatten sie schon hinausgetragen;

they had already carried out the box containing the fretsaw
and other tools;

lockerten jetzt den schon im Boden fest 1.5
eingegrabenen Schreibtisch, an dem er als
Handelsakademiker, als Bürgerschüler, ja sogar
schon als Volksschüler seine Aufgaben geschrieben
hatte, –

They loosened the desk, which was already firmly dug into
the floor, at which he had written his assignments as a
commercial student, as a middle-class student, even as an
elementary school student –

da hatte er wirklich keine Zeit mehr, die guten 1.6
Absichten zu prüfen, welche die zwei Frauen hatten,
deren Existenz er übrigens fast vergessen hatte, denn
vor Erschöpfung arbeiteten sie schon stumm, und
man hörte nur das schwere Tappen ihrer Füße.

he really had no more time to examine the good intentions
of the two women, whose existence he had almost
forgotten, by the way, because they were already working
silently from exhaustion, and all you could hear was the
heavy tapping of their feet.

Und so brach er denn hervor – 2.1

And so he burst out –

die Frauen stützten sich gerade im Nebenzimmer an 2.2
den Schreibtisch, um ein wenig zu verschnaufen – ,

the women were just leaning against the desk in the next
room to catch their breath –

2.3 wechselte viermal die Richtung des Laufes, er wußte wirklich nicht, was er zuerst retten sollte, da sah er an der im übrigen schon leeren Wand auffallend das Bild der in lauter Pelzwerk gekleideten Dame hängen, kroch eilends hinauf und preßte sich an das Glas, das ihn festhielt und seinem heißen Bauch wohltat.

changed direction four times, he really didn't know what he should save first, when he saw the picture of the lady dressed in fur hanging conspicuously on the otherwise already empty wall, crawled up in a hurry and pressed himself against the glass, which held him in place and did his hot belly good.

2.4 Dieses Bild wenigstens, das Gregor jetzt ganz verdeckte, würde nun gewiß niemand wegnehmen.

At least this picture, which Gregor now completely covered, would certainly not be taken away.

2.5 Er verdrehte den Kopf nach der Tür des Wohnzimmers, um die Frauen bei ihrer Rückkehr zu beobachten.

He turned his head towards the door of the living room to watch the women return.

3.1 Sie hatten sich nicht viel Ruhe gegönnt und kamen schon wieder;

They hadn't allowed themselves much rest and were already coming back;

3.2 Grete hatte den Arm um die Mutter gelegt und trug sie fast.

Grete had her arm around her mother and was almost carrying her.

3.3 »Also was nehmen wir jetzt?«,

"So what are we going to do now?",

sagte Grete und sah sich um.

3.4

said Grete, looking around.

Da kreuzten sich ihre Blicke mit denen Gregors an der Wand.

3.5

Her eyes crossed with Gregor's on the wall.

Wohl nur infolge der Gegenwart der Mutter behielt sie ihre Fassung, beugte ihr Gesicht zur Mutter, um diese vom Herumschauen abzuhalten, und sagte, allerdings zitternd und unüberlegt:

3.6

It was probably only because of her mother's presence that she kept her composure, bent her face towards her mother to stop her from looking around and said, albeit trembling and without thinking:

»Komm,

3.7

"Come on,

wollen wir nicht lieber auf einen Augenblick noch ins Wohnzimmer zurückgehen?«

3.8

don't you think we'd better go back into the living room for a moment?"

Die Absicht Gretes war für Gregor klar,

3.9

Grete's intention was clear to Gregor,

sie wollte die Mutter in Sicherheit bringen und dann ihn von der Wand hinunterjagen.

3.10

she wanted to get his mother to safety and then chase him down the wall.

Nun, sie konnte es ja immerhin versuchen!

3.11

Well, at least she could try!

Er saß auf seinem Bild und gab es nicht her.

3.12

He sat on his picture and didn't give it up.

3.13 **Lieber würde er Grete ins Gesicht springen.**
He would rather jump in Grete's face.

4.1 **Aber Gretes Worte hatten die Mutter erst recht beunruhigt, sie trat zur Seite, erblickte den riesigen braunen Fleck auf der geblümten Tapete, rief, ehe ihr eigentlich zum Bewußtsein kam, daß das Gregor war, was sie sah, mit schreiender, rauher Stimme:**
But Grete's words had alarmed the mother even more; she stepped aside, saw the huge brown stain on the flowered wallpaper, and before she could realize that it was Gregor she saw, she cried out in a shrieking, harsh voice:

4.2 **»Ach Gott, ach Gott!«**
"Oh God, oh God!"

4.3 **und fiel mit ausgebreiteten Armen, als gebe sie alles auf, über das Kanapee hin und rührte sich nicht.**
and fell over the sofa with her arms outstretched as if she had given up everything, and did not move.

4.4 **»Du, Gregor!«**
"You, Gregor!"

4.5 **rief die Schwester mit erhobener Faust und eindringlichen Blicken.**
cried the sister with a raised fist and a penetrating look.

4.6 **Es waren seit der Verwandlung die ersten Worte, die sie unmittelbar an ihn gerichtet hatte.**
These were the first words she had spoken directly to him since the transformation.

Sie lief ins Nebenzimmer, um irgendeine Essenz zu holen, mit der sie die Mutter aus ihrer Ohnmacht wecken könnte; 4.7

She ran into the next room to fetch some essence with which she could rouse the mother from her faint;

Gregor wollte auch helfen – 4.8

Gregor also wanted to help –

zur Rettung des Bildes war noch Zeit – , 4.9

there was still time to save the picture –

er klebte aber fest an dem Glas und mußte sich mit Gewalt losreißen; 4.10

but he clung tightly to the glass and had to tear himself away by force;

er lief dann auch ins Nebenzimmer, als könne er der Schwester irgendeinen Rat geben, wie in früherer Zeit; 4.11

he then also ran into the next room, as if he could give the sister some advice, as in earlier times;

mußte dann aber untätig hinter ihr stehen; 4.12

but then had to stand idly behind her;

während sie in verschiedenen Fläschchen kramte, erschreckte sie noch, als sie sich umdrehte; 4.13

While she was rummaging in various bottles, she was startled when she turned around;

eine Flasche fiel auf den Boden und zerbrach; 4.14

a bottle fell on the floor and broke;

ein Splitter verletzte Gregor im Gesicht, 4.15

a splinter injured Gregor's face,

4.16 irgendeine ätzende Medizin umfloß ihn;
some corrosive medicine flooded him;

4.17 Grete nahm nun, ohne sich länger aufzuhalten,
soviel Fläschchen, als sie nur halten konnte, und
rannte mit ihnen zur Mutter hinein;
Grete now took as many bottles as she could hold without
lingering and ran in with them to her mother;

4.18 die Tür schlug sie mit dem Fuße zu.
she slammed the door with her foot.

4.19 Gregor war nun von der Mutter abgeschlossen,
Gregor was now shut away from his mother,

4.20 die durch seine Schuld vielleicht dem Tod nahe war;
who was perhaps near death through his fault;

4.21 die Tür durfte er nicht öffnen, wollte er die
Schwester, die bei der Mutter bleiben mußte, nicht
verjagen;
he was not allowed to open the door if he did not want to
drive away his sister, who had to stay with his mother;

4.22 er hatte jetzt nichts zu tun, als zu warten;
he had nothing to do now but wait;

4.23 und von Selbstvorwürfen und Besorgnis bedrängt,
begann er zu kriechen, überkroch alles, Wände,
Möbel und Zimmerdecke und fiel endlich in seiner
Verzweiflung, als sich das ganze Zimmer schon um
ihn zu drehen anfing, mitten auf den großen Tisch.
and oppressed by self-reproach and apprehension, he
began to crawl, crawled over everything, walls, furniture
and ceiling, and at last, in his despair, when the whole
room was already beginning to turn around him, he fell
into the middle of the large table.

Es verging eine kleine Weile, Gregor lag matt da, ringsherum war es still, vielleicht war das ein gutes Zeichen.

5.1

A little while passed, Gregor lay there languidly, it was quiet all around, perhaps that was a good sign.

Da läutete es.

5.2

Then the doorbell rang.

Das Mädchen war natürlich in ihrer Küche eingesperrt und Grete mußte daher öffnen gehen.

5.3

The girl was locked in her kitchen, of course, so Grete had to go and open the door.

Der Vater war gekommen. »Was ist geschehen?«

5.4

Her father had come. "What's happened?"

waren seine ersten Worte;

5.5

were his first words;

Gretes Aussehen hatte ihm wohl alles verraten.

5.6

Grete's appearance had probably told him everything.

Grete antwortete mit dumpfer Stimme,

5.7

Grete answered in a muffled voice,

offenbar drückte sie ihr Gesicht an des Vaters Brust:

5.8

obviously pressing her face to her father's chest:

»Die Mutter war ohnmächtig, aber es geht ihr schon besser.

5.9

"Mother fainted, but she's better now.

Gregor ist ausgebrochen.«

5.10

Gregor has broken out."

5.11 »Ich habe es ja erwartet«, sagte der Vater, »ich habe es euch ja immer gesagt, aber ihr Frauen wollt nicht hören.«

"I expected it," said the father, "I've always told you, but you women won't listen."

6.1 Gregor war es klar, daß der Vater Gretes allzu kurze Mitteilung schlecht gedeutet hatte und annahm, daß Gregor sich irgendeine Gewalttat habe zuschulden kommen lassen.

It was clear to Gregor that his father had misinterpreted Grete's all too brief message and assumed that Gregor had been guilty of some kind of violence.

6.2 Deshalb mußte Gregor den Vater jetzt zu besänftigen suchen,

Gregor therefore had to try to appease his father now,

6.3 denn ihn aufzuklären hatte er weder Zeit noch Möglichkeit.

as he had neither the time nor the opportunity to enlighten him.

6.4 Und so flüchtete er sich zur Tür seines Zimmers und drückte sich an sie, damit der Vater beim Eintritt vom Vorzimmer her gleich sehen könne, daß Gregor die beste Absicht habe, sofort in sein Zimmer zurückzukehren, und daß es nicht nötig sei, ihn zurückzutreiben, sondern daß man nur die Tür zu öffnen brauche, und gleich werde er verschwinden.

And so he fled to the door of his room and pressed himself against it, so that his father could see from the anteroom as soon as he entered that Gregor had the best intention of returning to his room immediately, and that it was not necessary to drive him back, but that one need only open the door and he would disappear in a moment.

Aber der Vater war nicht in der Stimmung, solche
Feinheiten zu bemerken;

7.1

But the father was in no mood to notice such subtleties;

»Ah!« rief er gleich beim Eintritt in einem Tone,

7.2

"Ah!" he exclaimed as soon as he entered,

als sei er gleichzeitig wütend und froh.

7.3

in a tone as if he were angry and happy at the same time.

Gregor zog den Kopf von der Tür zurück und hob ihn
gegen den Vater.

7.4

Gregor pulled his head back from the door and raised it
towards his father.

So hatte er sich den Vater wirklich nicht vorgestellt,
wie er jetzt dastand;

7.5

He really hadn't imagined his father as he stood there now;

allerdings hatte er in der letzten Zeit über dem
neuartigen Herumkriechen versäumt, sich so wie
früher um die Vorgänge in der übrigen Wohnung zu
kümmern, und hätte eigentlich darauf gefaßt sein
müssen, veränderte Verhältnisse anzutreffen.

7.6

however, he had neglected to pay attention to what was
going on in the rest of the apartment in recent times
because of his new-found crawling around, and should
have been prepared to encounter changed circumstances.

Trotzdem, trotzdem, war das noch der Vater?

7.7

Nevertheless, nevertheless, was that still the father?

Der gleiche Mann, der müde im Bett vergraben
lag, wenn früher Gregor zu einer Geschäftsreise
ausgerückt war;

7.8

The same man who used to lie buried in bed, tired, when
Gregor had gone out on a business trip;

7.9 der ihn an Abenden der Heimkehr im Schlafrock im Lehnstuhl empfangen hatte;

who had received him in his robe in the armchair on the evenings he returned home;

7.10 gar nicht recht imstande war,

who was not really able to get up,

7.11 aufzustehen,

but only raised his arms as a sign of joy,

7.12 sondern zum Zeichen der Freude nur die Arme gehoben hatte,

and who,

7.13 und der bei den seltenen gemeinsamen Spaziergängen an ein paar Sonntagen im Jahr und an den höchsten Feiertagen zwischen Gregor und der Mutter,

on the rare walks together on a few Sundays a year and on the highest holidays between Gregor and his mother,

7.14 die schon an und für sich langsam gingen,

which were already slow in themselves,

7.15 immer noch ein wenig langsamer,

always a little slower,

7.16 in seinen alten Mantel eingepackt,

wrapped up in his old coat,

7.17 mit stets vorsichtig aufgesetztem Krückstock sich vorwärts arbeitete und,

worked his way forward with his cane always carefully placed on his back and,

wenn er etwas sagen wollte, 7.18

when he wanted to say something,

fast immer stillstand und seine Begleitung um sich 7.19
versammelte?

almost always stood still and gathered his companion
around him?

Kapitel 13

Chapter 13

1.1 Nun aber war er recht gut aufgerichtet;
Now, however, he was quite erect;

1.2 in eine straffe blaue Uniform mit Goldknöpfen gekleidet,
dressed in a tight blue uniform with gold buttons,

1.3 wie sie Diener der Bankinstitute tragen;
like those worn by the servants of banking institutions;

1.4 über dem hohen steifen Kragen des Rockes entwickelte sich sein starkes Doppelkinn;
his strong double chin developed above the high stiff collar of his coat;

1.5 unter den buschigen Augenbrauen drang der Blick der schwarzen Augen frisch und aufmerksam hervor;
the look of his black eyes was fresh and attentive from under his bushy eyebrows;

1.6 das sonst zerzauste weiße Haar war zu einer peinlich genauen,
his otherwise disheveled white hair was combed down into a meticulously precise,

leuchtenden Scheitelfrisur niedergekämmt. 1.7

shining parting.

Er warf seine Mütze, auf der ein Goldmonogramm, 1.8
wahrscheinlich das einer Bank, angebracht war, über
das ganze Zimmer im Bogen auf das Kanapee hin
und ging, die Enden seines langen Uniformrockes
zurückgeschlagen, die Hände in den Hosentaschen,
mit verbissenem Gesicht auf Gregor zu.

He threw his cap, on which was a gold monogram, probably
that of a bank, across the room in an arc onto the canapé
and walked towards Gregor, the ends of his long uniform
coat folded back, his hands in his trouser pockets, his face
grim.

Er wußte wohl selbst nicht, was er vor hatte; 2.1

He probably didn't know himself what he was up to;

immerhin hob er die Füße ungewöhnlich hoch, 2.2
und Gregor staunte über die Riesengröße seiner
Stiefelsohlen.

after all, he raised his feet unusually high, and Gregor was
amazed at the enormous size of the soles of his boots.

Doch hielt er sich dabei nicht auf, er wußte ja noch 2.3
vom ersten Tage seines neuen Lebens her, daß der
Vater ihm gegenüber nur die größte Strenge für
angebracht ansah.

But he didn't stop there, he knew from the first day of
his new life that his father considered only the greatest
severity appropriate towards him.

2.4 Und so lief er vor dem Vater her, stockte, wenn der Vater stehen blieb, und eilte schon wieder vorwärts, wenn sich der Vater nur rührte.

And so he ran ahead of his father, faltered when his father stopped, and hurried forward again when his father merely moved.

2.5 So machten sie mehrmals die Runde um das Zimmer, ohne daß sich etwas Entscheidendes ereignete, ja ohne daß das Ganze infolge seines langsamen Tempos den Anschein einer Verfolgung gehabt hätte.

They made the rounds of the room several times without anything decisive happening, indeed without the whole thing appearing to be a chase because of his slow pace.

2.6 Deshalb blieb auch Gregor vorläufig auf dem Fußboden, zumal er fürchtete, der Vater könnte eine Flucht auf die Wände oder den Plafond für besondere Bosheit halten.

That was why Gregor stayed on the floor for the time being, especially as he was afraid that his father might consider an escape to the walls or the ceiling to be particularly malicious.

2.7 Allerdings mußte sich Gregor sagen, daß er sogar dieses Laufen nicht lange aushalten würde, denn während der Vater einen Schritt machte, mußte er eine Unzahl von Bewegungen ausführen.

However, Gregor had to tell himself that he would not be able to stand even this running for long, because while his father took one step, he had to make a myriad of movements.

2.8 Atemnot begann sich schon bemerkbar zu machen,

Shortness of breath was already beginning to make itself felt,

wie er ja auch in seiner früheren Zeit keine ganz
vertrauenswürdige Lunge besessen hatte.

2.9

just as he had not had entirely trustworthy lungs in his
earlier days.

Als er nun so dahintorkelte, um alle Kräfte für den
Lauf zu sammeln, kaum die Augen offenhielt;

2.10

As he staggered along, trying to gather all his strength for
the run, barely keeping his eyes open;

in seiner Stumpfheit an eine andere Rettung als
durch Laufen gar nicht dachte;

2.11

in his stupor not thinking of any other way of escape than
by running;

und fast schon vergessen hatte, daß ihm die Wände
freistanden, die hier allerdings mit sorgfältig
geschnitzten Möbeln voll Zacken und Spitzen
verstellt waren –

2.12

and almost forgetting that the walls were open to him,
though they were covered with carefully carved furniture
full of jags and spikes –

da flog knapp neben ihm, leicht geschleudert, irgend
etwas nieder und rollte vor ihm her.

2.13

something flew down close beside him, flung slightly, and
rolled in front of him.

Es war ein Apfel; gleich flog ihm ein zweiter nach;

2.14

It was an apple; immediately a second one flew after it;

Gregor blieb vor Schrecken stehen;

2.15

Gregor stopped in terror;

2.16 ein Weiterlaufen war nutzlos, denn der Vater hatte sich entschlossen, ihn zu bombardieren.

it was useless to run on, for his father had decided to bombard him.

3.1 Aus der Obstschale auf der Kredenz hatte er sich die Taschen gefüllt und warf nun, ohne vorläufig scharf zu zielen, Apfel für Apfel.

He had filled his pockets from the fruit bowl on the credenza and was now throwing apple after apple without aiming sharply for the moment.

3.2 Diese kleinen roten Äpfel rollten wie elektrisiert auf dem Boden herum und stießen aneinander.

These small red apples rolled around on the floor as if electrified and bumped into each other.

3.3 Ein schwach geworfener Apfel streifte Gregors Rücken,

A weakly thrown apple grazed Gregor's back,

3.4 glitt aber unschädlich ab.

but slid off harmlessly.

3.5 Ein ihm sofort nachfliegender drang dagegen förmlich in Gregors Rücken ein;

One that immediately followed him, on the other hand, literally penetrated Gregor's back;

3.6 Gregor wollte sich weiterschleppen, als könne der überraschende unglaubliche Schmerz mit dem Ortswechsel vergehen;

Gregor wanted to drag himself on as if the surprisingly incredible pain could pass with the change of location;

doch fühlte er sich wie festgenagelt und streckte sich   3.7
in vollständiger Verwirrung aller Sinne.
but he felt as if he had been nailed to the ground and
stretched out in complete confusion of all his senses.

Nur mit dem letzten Blick sah er noch, wie die Tür   3.8
seines Zimmers aufgerissen wurde, und vor der
schreienden Schwester die Mutter hervoreilte, im
Hemd, denn die Schwester hatte sie entkleidet, um
ihr in der Ohnmacht Atemfreiheit zu verschaffen,
wie dann die Mutter auf den Vater zulief und ihr auf
dem Weg die aufgebundenen Röcke einer nach dem
anderen zu Boden glitten, und wie sie stolpernd über
die Röcke auf den Vater eindrang und ihn umarmend,
in gänzlicher Vereinigung mit ihm –
Only with his last glance did he see the door of his room
being torn open, and his mother rushing out in front of his
screaming sister, in her shirt, for her sister had undressed
her to give her freedom of breath in her faint, how the
mother then ran towards her father and, as she went, her
untied skirts slipped to the floor one by one, and how,
stumbling over the skirts, she rushed towards her father
and, embracing him, in complete union with him –

nun versagte aber Gregors Sehkraft schon –   3.9
but Gregor's sight was already failing –

die Hände an des Vaters Hinterkopf um Schonung   3.10
von Gregors Leben bat.
put her hands to the back of his father's head and begged
him to spare Gregor's life.

Die schwere Verwundung Gregors,   4.1
Gregor's severe wound,

an der er über einen Monat litt –   4.2
from which he suffered for over a month –

4.3 der Apfel blieb, da ihn niemand zu entfernen wagte,
als sichtbares Andenken im Fleische sitzen – ,

the apple remained as a visible souvenir in his flesh, as no
one dared to remove it –

4.4 schien selbst den Vater daran erinnert zu haben,
daß Gregor trotz seiner gegenwärtigen traurigen
und ekelhaften Gestalt ein Familienmitglied
war, das man nicht wie einen Feind behandeln
durfte, sondern dem gegenüber es das Gebot
der Familienpflicht war, den Widerwillen
hinunterzuschlucken und zu dulden, nichts als zu
dulden.

seemed to have reminded even his father that Gregor,
despite his present sad and disgusting appearance, was
a member of the family who should not be treated like
an enemy, but to whom it was the duty of the family to
swallow their reluctance and tolerate, nothing but tolerate.

4.5 Und wenn nun auch Gregor durch seine Wunde an
Beweglichkeit wahrscheinlich für immer verloren
hatte und vorläufig zur Durchquerung seines
Zimmers wie ein alter Invalide lange,

And even though Gregor had probably lost his mobility
forever as a result of his wound and for the time being
needed long,

4.6 lange Minuten brauchte –

long minutes to cross his room like an old invalid –

4.7 an das Kriechen in der Höhe war nicht zu denken – ,

crawling at height was out of the question –

so bekam er für diese Verschlimmerung seines   4.8
Zustandes einen seiner Meinung nach vollständig
genügenden Ersatz dadurch, daß immer gegen
Abend die Wohnzimmertür, die er schon ein bis
zwei Stunden vorher scharf zu beobachten pflegte,
geöffnet wurde, so daß er, im Dunkel seines Zimmers
liegend, vom Wohnzimmer aus unsichtbar, die ganze
Familie beim beleuchteten Tische sehen und ihre
Reden, gewissermaßen mit allgemeiner Erlaubnis,
also ganz anders als früher, anhören durfte.

he received what he considered to be a completely adequate
compensation for this aggravation of his condition, that
the living-room door, which he used to watch closely for
an hour or two beforehand, was always opened towards
evening, so that, lying in the darkness of his room,
invisible from the living-room, he could see the whole
family at the lighted table and listen to their speeches, as it
were with general permission, quite different from before.

Freilich waren es nicht mehr die lebhaften   5.1
Unterhaltungen der früheren Zeiten, an die Gregor
in den kleinen Hotelzimmern stets mit einigem
Verlangen gedacht hatte, wenn er sich müde in das
feuchte Bettzeug hatte werfen müssen.

Of course, it was no longer the lively conversations of
earlier times that Gregor had always remembered with
some longing in the small hotel rooms when he had had to
throw himself tiredly into the damp bedding.

Es ging jetzt meist nur sehr still zu.   5.2

It was mostly very quiet now.

Der Vater schlief bald nach dem Nachtessen in   5.3
seinem Sessel ein;

His father fell asleep in his armchair soon after supper;

5.4 die Mutter und Schwester ermahnten einander zur Stille;

his mother and sister reminded each other to be quiet;

5.5 die Mutter nähte, weit unter das Licht vorgebeugt, feine Wäsche für ein Modengeschäft;

his mother, bent far under the light, sewed fine linen for a fashion store;

5.6 die Schwester, die eine Stellung als Verkäuferin angenommen hatte, lernte am Abend Stenographie und Französisch, um vielleicht später einmal einen besseren Posten zu erreichen.

his sister, who had taken a job as a saleswoman, studied shorthand and French in the evening, perhaps to get a better job later on.

5.7 Manchmal wachte der Vater auf, und als wisse er gar nicht, daß er geschlafen habe, sagte er zur Mutter,

Sometimes the father woke up, and as if he didn't realize he had been asleep, he said to the mother,

5.8 »Wie lange du heute schon wieder nähst!«

"How long you've been sewing again today!"

5.9 und schlief sofort wieder ein,

and fell asleep again immediately,

5.10 während Mutter und Schwester einander müde zulächelten.

while mother and sister smiled wearily at each other.

6.1 Mit einer Art Eigensinn weigerte sich der Vater,

With a kind of obstinacy,

auch zu Hause seine Dieneruniform abzulegen;   6.2

his father refused to take off his servant's uniform at home
as well;

und während der Schlafrock nutzlos am   6.3
Kleiderhaken hing, schlummerte der Vater
vollständig angezogen auf seinem Platz, als sei er
immer zu seinem Dienste bereit und warte auch hier
auf die Stimme des Vorgesetzten.

and while the robe hung uselessly on the coat hook, his
father slumbered fully dressed in his place, as if he were
always ready for his service and waiting for the voice of his
superior.

Infolgedessen verlor die gleich anfangs nicht   6.4
neue Uniform trotz aller Sorgfalt von Mutter und
Schwester an Reinlichkeit, und Gregor sah oft ganze
Abende lang auf dieses über und über fleckige, mit
seinen stets geputzte Goldknöpfen leuchtende Kleid,
in dem der alte Mann höchst unbequem und doch
ruhig schlief.

As a result, the uniform, which was not new to begin with,
lost its cleanliness despite all the care taken by mother and
sister, and Gregor often spent whole evenings looking at
this stained dress, shining with its constantly cleaned gold
buttons, in which the old man slept most uncomfortably
and yet quietly.

Kapitel 14

Chapter 14

1.1 Sobald die Uhr zehn schlug, suchte die Mutter durch leise Zusprache den Vater zu wecken und dann zu überreden, ins Bett zu gehen, denn hier war es doch kein richtiger Schlaf und diesen hatte der Vater, der um sechs Uhr seinen Dienst antreten mußte, äußerst nötig.

As soon as the clock struck ten, his mother tried to wake his father up by speaking softly to him and then persuade him to go to bed, for it was not really a good night's sleep here and his father, who had to start work at six o'clock, was in great need of it.

1.2 Aber in dem Eigensinn, der ihn, seitdem er Diener war, ergriffen hatte, bestand er immer darauf noch länger bei Tisch zu bleiben, trotzdem er regelmäßig einschlief, und war dann überdies nur mit der größten Mühe zu bewegen, den Sessel mit dem Bett zu vertauschen.

But in the stubbornness that had taken hold of him since he had been a servant, he always insisted on staying at the table longer, even though he regularly fell asleep, and it was only with the greatest difficulty that he could be persuaded to swap his armchair for his bed.

Da mochten Mutter und Schwester mit kleinen   1.3
Ermahnungen noch so sehr auf ihn eindringen,
viertelstundenlang schüttelte er langsam den Kopf
hielt, die Augen geschlossen und stand nicht auf.

No matter how much his mother and sister tried to
persuade him with little admonishments, he would
slowly shake his head for a quarter of an hour, his eyes
closed, and not get up.

Die Mutter zupfte ihn am Ärmel, sagte ihm   1.4
Schmeichelworte ins Ohr, die Schwester verließ
ihre Aufgabe, um der Mutter zu helfen, aber beim
Vater verfing das nicht.

His mother plucked him by the sleeve, said flattering words
in his ear, his sister left her task to help his mother, but it
didn't work with his father.

Er versank nur noch tiefer in seinen Sessel.   1.5

He only sank deeper into his armchair.

Erst bis ihn die Frauen unter den Achseln faßten,   1.6
schlug er die Augen auf, sah abwechselnd die Mutter
und die Schwester an und pflegte zu sagen:

Only when the women grabbed him under the armpits did
he open his eyes, looked at his mother and sister in turn
and used to say:

»Das ist ein Leben. Das ist die Ruhe meiner alten   1.7
Tage.«

"This is a life. This is the peace of my old days."

1.8 Und auf die beiden Frauen gestützt, erhob er sich,
umständlich, als sei er für sich selbst die größte Last,
ließ sich von den Frauen bis zur Türe führen, winkte
ihnen dort ab und ging nun selbständig weiter,
während die Mutter ihr Nähzeug, die Schwester
ihre Feder eiligst hinwarfen, um hinter dem Vater zu
laufen und ihm weiter behilflich zu sein.

And leaning on the two women, he got up, awkwardly, as if
he were the greatest burden to himself, let the women lead
him to the door, waved them off there and now walked on
independently, while his mother hurriedly threw down her
sewing kit and his sister her pen to walk behind his father
and help him further.

2.1 Wer hatte in dieser abgearbeiteten und übermüdeten
Familie Zeit, sich um Gregor mehr zu kümmern, als
unbedingt nötig war?

Who in this overworked and overtired family had time to
look after Gregor more than was absolutely necessary?

2.2 Der Haushalt wurde immer mehr eingeschränkt;

The household became more and more restricted;

2.3 das Dienstmädchen wurde nun doch entlassen;

the maid was dismissed after all;

2.4 eine riesige knochige Bedienerin mit weißem, den
Kopf umflatterndem Haar kam des Morgens und des
Abends, um die schwerste Arbeit zu leisten;

a huge bony servant with white hair fluttering around her
head came in the morning and evening to do the heaviest
work;

2.5 alles andere besorgte die Mutter neben ihrer vielen
Näharbeit.

everything else was done by the mother in addition to her
many sewing jobs.

Es geschah sogar, daß verschiedene
Familienschmuckstücke, welche früher die Mutter
und die Schwester überglücklich bei Unterhaltungen
und Feierlichkeiten getragen hatten, verkauft
wurden, wie Gregor am Abend aus der allgemeinen
Besprechung der erzielten Preise erfuhr.

2.6

It even happened that various pieces of family jewelry,
which the mother and sister had once worn so happily
at entertainments and celebrations, were sold, as Gregor
learned in the evening from the general discussion of the
prices achieved.

Die größte Klage war aber stets, daß man diese für die
gegenwärtigen Verhältnisse allzu große Wohnung
nicht verlassen konnte, da es nicht auszudenken war,
wie man Gregor übersiedeln sollte.

2.7

The greatest complaint, however, was always that it was
impossible to leave this apartment, which was too large for
the present circumstances, as it was impossible to imagine
how Gregor could be moved.

Aber Gregor sah wohl ein, daß es nicht nur die
Rücksicht auf ihn war, welche eine Übersiedlung
verhinderte, denn ihn hätte man doch in einer
passenden Kiste mit ein paar Luftlöchern leicht
transportieren können;

2.8

But Gregor realized that it was not only consideration for
him that prevented a move, for he could easily have been
transported in a suitable crate with a few air holes;

2.9 was die Familie hauptsächlich vom Wohnungswechsel abhielt, war vielmehr die völlige Hoffnungslosigkeit und der Gedanke daran, daß sie mit einem Unglück geschlagen war, wie niemand sonst im ganzen Verwandten - und Bekanntenkreis.

what mainly kept the family from moving was rather the complete hopelessness and the thought that they had been struck with a misfortune like no one else in their entire circle of relatives and acquaintances.

3.1 Was die Welt von armen Leuten verlangt, erfüllten sie bis zum äußersten, der Vater holte den kleinen Bankbeamten das Frühstück, die Mutter opferte sich für die Wäsche fremder Leute, die Schwester lief nach dem Befehl der Kunden hinter dem Pulte hin und her, aber weiter reichten die Kräfte der Familie schon nicht.

What the world demands of poor people, they fulfilled to the utmost, the father fetched breakfast for the little bank clerk, the mother sacrificed herself for the laundry of strangers, the sister ran back and forth behind the desk as ordered by the customers, but that was as far as the family's strength reached.

3.2 Und die Wunde im Rücken fing Gregor wie neu zu schmerzen an, wenn Mutter und Schwester, nachdem sie den Vater zu Bett gebracht hatten, nun zurückkehrten, die Arbeit liegen ließen, nahe zusammenrückten, schon Wange an Wange saßen;

And the wound in Gregor's back began to hurt like new when his mother and sister, after putting his father to bed, returned, left their work behind, moved close together, sat cheek by jowl;

3.3 wenn jetzt die Mutter, auf Gregors Zimmer zeigend, sagte,

when his mother, pointing to Gregor's room, said,

»Mach' 3.4

"Close the door there, Grete,"

dort die Tür zu, Grete«, und wenn nun Gregor wieder 3.5
im Dunkel war, während nebenan die Frauen ihre
Tränen vermischten oder gar tränenlos den Tisch
anstarrten.

and when Gregor was in the dark again, while the women
next door mingled their tears or even stared tearlessly at
the table.

Die Nächte und Tage verbrachte Gregor fast ganz 4.1
ohne Schlaf.

Gregor spent the nights and days almost entirely without
sleep.

Manchmal dachte er daran, beim nächsten Öffnen 4.2
der Tür die Angelegenheiten der Familie ganz so wie
früher wieder in die Hand zu nehmen;

Sometimes he thought about taking the family's affairs
back into his own hands the next time he opened the door;

in seinen Gedanken erschienen wieder nach langer 4.3
Zeit der Chef und der Prokurist, die Kommis und
die Lehrjungen, der so begriffstützige Hausknecht,
zwei, drei Freunde aus anderen Geschäften, ein
Stubenmädchen aus einem Hotel in der Provinz, eine
liebe, flüchtige Erinnerung, eine Kassiererin aus
einem Hutgeschäft, um die er sich ernsthaft, aber zu
langsam beworben hatte –

After a long time, the boss and the authorized signatory,
the commissaries and the apprentices, the so-grasping
house servant, two or three friends from other businesses,
a maid from a hotel in the provinces, a dear, fleeting
memory, a cashier from a hat store for whom he had
applied seriously but too slowly –

4.4 sie alle erschienen untermischt mit Fremden oder
schon Vergessenen, aber statt ihm und seiner Familie
zu helfen, waren sie sämtlich unzugänglich, und er
war froh, wenn sie verschwanden.

they all appeared mixed in with strangers or people he
had already forgotten, but instead of helping him and his
family, they were all inaccessible and he was glad when
they disappeared.

5.1 Dann aber war er wieder gar nicht in der Laune,
sich um seine Familie zu sorgen, bloß Wut über die
schlechte Wartung erfüllte ihn, und trotzdem er
sich nichts vorstellen konnte, worauf er Appetit
gehabt hätte, machte er doch Pläne, wie er in
die Speisekammer gelangen könnte, um dort zu
nehmen, was ihm, auch wenn er keinen Hunger
hatte, immerhin gebührte.

But then he was again in no mood to worry about his
family, only anger at the poor service filled him, and
although he could not think of anything he would have
had an appetite for, he made plans to get into the pantry to
take what was due to him there, even if he was not hungry.

5.2 Ohne jetzt mehr nachzudenken, womit man Gregor
einen besonderen Gefallen machen könnte, schob
die Schwester eiligst, ehe sie morgens und mittags
ins Geschäft lief, mit dem Fuß irgendeine beliebige
Speise in Gregors Zimmer hinein, um sie am Abend,
gleichgültig dagegen, ob die Speise vielleicht nur
verkostet oder –

Without thinking any more about how she could do Gregor
a special favor, the sister hurriedly pushed any food into
Gregor's room with her foot before she went to the store in
the morning and at noon, and swept it out in the evening
with a wave of the broom, regardless of whether the food
had perhaps only been tasted or –

der häufigste Fall –

5.3

the most common case –

gänzlich unberührt war, mit einem Schwenken des Besens hinauszukehren.

5.4

was completely untouched.

Das Aufräumen des Zimmers, das sie nun immer abends besorgte, konnte gar nicht mehr schneller getan sein.

5.5

Tidying the room, which she now always did in the evening, couldn't have been done any quicker.

Schmutzstreifen zogen sich die Wände entlang,

5.6

Streaks of dirt ran along the walls,

hie und da lagen Knäuel von Staub und Unrat.

5.7

and here and there were clumps of dust and garbage.

In der ersten Zeit stellte sich Gregor bei der Ankunft der Schwester in derartige besonders bezeichnende Winkel, um ihr durch diese Stellung gewissermaßen einen Vorwurf zu machen.

5.8

At first, when his sister arrived, Gregor positioned himself in such a particularly distinctive angle in order to reproach her with this position.

Aber er hätte wohl wochenlang dort bleiben können, ohne daß sich die Schwester gebessert hätte;

5.9

But he could have stayed there for weeks without the sister improving;

sie sah ja den Schmutz genau so wie er, aber sie hatte sich eben entschlossen, ihn zu lassen.

5.10

she saw the dirt just as he did, but she had just decided to leave it.

6.1 Dabei wachte sie mit einer an ihr ganz neuen Empfindlichkeit, die überhaupt die ganze Familie ergriffen hatte, darüber, daß das Aufräumen von Gregors Zimmer ihr vorbehalten blieb.

She made sure, with a sensitivity that was new to her and had taken hold of the whole family, that the cleaning of Gregor's room was reserved for her.

6.2 Einmal hatte die Mutter Gregors Zimmer einer großen Reinigung unterzogen,

Once her mother had subjected Gregor's room to a thorough cleaning,

6.3 die ihr nur nach Verbrauch einiger Kübel Wasser gelungen war –

which she had only succeeded in doing after a few buckets of water had been used up –

6.4 die viele Feuchtigkeit kränkte allerdings Gregor auch und er lag breit, verbittert und unbeweglich auf dem Kanapee – ,

the excessive dampness, however, also hurt Gregor and he lay broad, bitter and immobile on the sofa – ,

6.5 aber die Strafe blieb für die Mutter nicht aus.

but her mother was not spared the punishment.

6.6 Denn kaum hatte am Abend die Schwester die Veränderung in Gregors Zimmer bemerkt, als sie, aufs höchste beleidigt, ins Wohnzimmer lief und, trotz der beschwörend erhobenen Hände der Mutter, in einen Weinkrampf ausbrach, dem die Eltern –

For the sister had hardly noticed the change in Gregor's room that evening when, highly offended, she ran into the living room and, despite her mother's imploringly raised hands, burst into a crying fit, which the parents –

der Vater war natürlich aus seinem Sessel
aufgeschreckt worden –

6.7

the father had of course been startled out of his armchair –

zuerst erstaunt und hilflos zusahen;

6.8

watched at first in astonishment and helplessness;

bis auch sie sich zu rühren anfingen;

6.9

until they too began to stir;

der Vater rechts der Mutter Vorwürfe machte, daß sie
Gregors Zimmer nicht der Schwester zur Reinigung
überließ;

6.10

the father on the right reproached the mother for not
leaving Gregor's room to the sister to clean;

links dagegen die Schwester anschrie,

6.11

on the left,

sie werde niemals mehr Gregors Zimmer reinigen
dürfen;

6.12

shouting at the sister that she would never be allowed to
clean Gregor's room again;

während die Mutter den Vater, der sich vor Erregung
nicht mehr kannte, ins Schlafzimmer zu schleppen
suchte;

6.13

while the mother tried to drag the father, who was beside
himself with excitement, into the bedroom;

die Schwester, von Schluchzen geschüttelt, mit ihren
kleinen Fäusten den Tisch bearbeitete;

6.14

the sister, shaken with sobs, worked the table with her
little fists;

6.15 und Gregor laut vor Wut darüber zischte, daß es keinem einfiel, die Tür zu schließen und ihm diesen Anblick und Lärm zu ersparen.

and Gregor hissed loudly with rage at the fact that no one thought of closing the door and sparing him this sight and noise.

Kapitel 15

Chapter 15

1.1 Aber selbst wenn die Schwester, erschöpft von ihrer Berufsarbeit, dessen überdrüssig geworden war, für Gregor, wie früher, zu sorgen, so hätte noch keineswegs die Mutter für sie eintreten müssen und Gregor hätte doch nicht vernachlässigt werden brauchen.

But even if the sister, exhausted by her professional work, had grown tired of caring for Gregor as she used to, her mother would by no means have had to stand in for her and Gregor would not have had to be neglected.

1.2 Denn nun war die Bedienerin da.

For now the servant was there.

1.3 Diese alte Witwe, die in ihrem langen Leben mit Hilfe ihres starken Knochenbaues das Ärgste überstanden haben mochte, hatte keinen eigentlichen Abscheu vor Gregor.

This old widow, who might have survived the worst in her long life with the help of her strong bone structure, had no real disgust for Gregor.

Ohne irgendwie neugierig zu sein, hatte sie zufällig einmal die Tür von Gregors Zimmer aufgemacht und war im Anblick Gregors, der, gänzlich überrascht, trotzdem ihn niemand jagte, hin und herzulaufen begann, die Hände im Schoß gefaltet staunend stehen geblieben.

1.4

Without being in any way curious, she had once opened the door to Gregor's room by chance and had stopped in amazement at the sight of Gregor, who, completely surprised, had started to run back and forth, his hands folded in his lap, despite the fact that no one was chasing him.

Seitdem versäumte sie nicht,

1.5

Since then,

stets flüchtig morgens und abends die Tür ein wenig zu öffnen und zu Gregor hineinzuschauen.

1.6

she never failed to open the door a little in the morning and evening and peek in at Gregor.

Anfangs rief sie ihn auch zu sich herbei, mit Worten, die sie wahrscheinlich für freundlich hielt, wie

1.7

At first, she also called him over to her with words that she probably thought were friendly, such as

»Komm mal herüber, alter Mistkäfer!« oder

1.8

"Come over here, old dung beetle!" or

»Seht mal den alten Mistkäfer!«

1.9

"Look at the old dung beetle!"

Auf solche Ansprachen antwortete Gregor mit nichts, sondern blieb unbeweglich auf seinem Platz, als sei die Tür gar nicht geöffnet worden.

1.10

Gregor didn't reply to such speeches, but remained motionless in his seat as if the door hadn't even been opened.

1.11 Hätte man doch dieser Bedienerin, statt sie nach ihrer Laune ihn nutzlos stören zu lassen, lieber den Befehl gegeben, sein Zimmer täglich zu reinigen!

If only this servant had been ordered to clean his room every day instead of letting her disturb him at her whim!

1.12 Einmal am frühen Morgen –

Once in the early morning –

1.13 ein heftiger Regen, vielleicht schon ein Zeichen des kommenden Frühjahrs, schlug an die Scheiben –

a heavy rain, perhaps already a sign of the coming spring, was beating on the windows –

1.14 war Gregor, als die Bedienerin mit ihren Redensarten wieder begann, derartig erbittert, daß er, wie zum Angriff, allerdings langsam und hinfällig, sich gegen sie wendete.

Gregor was so enraged when the servant began to talk again that he turned on her as if to attack, albeit slowly and lazily.

1.15 Die Bedienerin aber, statt sich zu fürchten, hob bloß einen in der Nähe der Tür befindlichen Stuhl hoch einpor, und wie sie mit groß geöffnetem Munde dastand, war ihre Absicht klar, den Mund erst zu schließen, wenn der Sessel in ihrer Hand auf Gregors Rücken niederschlagen würde.

But the servant, instead of being afraid, merely raised a chair near the door, and as she stood there with her mouth wide open, her intention was clear that she would not close her mouth until the chair in her hand fell on Gregor's back.

1.16 »Also weiter geht es nicht?«

"So that's as far as it goes?"

fragte sie, als Gregor sich wieder umdrehte, und
stellte den Sessel ruhig in die Ecke zurück.

1.17

she asked as Gregor turned around again and calmly put
the chair back in the corner.

Gregor aß nun fast gar nichts mehr.

2.1

Gregor now ate almost nothing at all.

Nur wenn er zufällig an der vorbereiteten Speise
vorüberkam, nahm er zum Spiel einen Bissen in den
Mund, hielt ihn dort stundenlang und spie ihn dann
meist wieder aus.

2.2

Only when he happened to pass the prepared food would he
take a bite in his mouth to play with, hold it there for hours
and then usually spit it out again.

Zuerst dachte er, es sei die Trauer über den Zustand
seines Zimmers, die ihn vom Essen abhalte, aber
gerade mit den Veränderungen des Zimmers söhnte
er sich sehr bald aus.

2.3

At first he thought it was sadness about the state of his
room that kept him from eating, but he soon became
reconciled to the changes in the room.

Man hatte sich angewöhnt, Dinge, die man anderswo
nicht unterbringen konnte, in dieses Zimmer
hineinzustellen, und solcher Dinge gab es nun
viele, da man ein Zimmer der Wohnung an drei
Zimmerherren vermietet hatte.

2.4

He had got into the habit of putting things in this room that
could not be put elsewhere, and there were now many such
things, as one room of the apartment had been let to three
landlords.

Diese ernsten Herren – alle drei hatten Vollbärte,

2.5

These serious gentlemen – all three had full beards,

2.6 **wie Gregor einmal durch eine Türspalte feststellte –**
as Gregor once discovered through a crack in the door –

2.7 **waren peinlich auf Ordnung, nicht nur in ihrem Ziminer, sondern, da sie sich nun einmal hier eingemietet hatten, in der ganzen Wirtschaft, also insbesondere in der Küche, bedacht.**
were scrupulous about tidiness, not only in their room, but, as they had rented a room here, in the whole house, especially in the kitchen.

2.8 **Unnützen oder gar schmutzigen Kram ertrugen sie nicht.**
They couldn't stand useless or even dirty things.

2.9 **Überdies hatten sie zum größten Teil ihre eigenen Einrichtungsstücke mitgebracht.**
Moreover, they had brought most of their own furnishings with them.

2.10 **Aus diesem Grunde waren viele Dinge überflüssig geworden, die zwar nicht verkäuflich waren, die man aber auch nicht wegwerfen wollte.**
For this reason, many things had become superfluous, which were not for sale, but which they did not want to throw away.

2.11 **Alle diese wanderten in Gregors Zimmer.**
All of these went into Gregor's room.

2.12 **Ebenso auch die Aschenkiste und die Abfallkiste aus der Küche.**
As did the ash box and the waste box from the kitchen.

Was nur im Augenblick unbrauchbar war, 2.13
schleuderte die Bedienerin, die es immer sehr eilig
hatte, einfach in Gregors Zimmer;

The servant, who was always in a hurry, simply threw
anything that was unusable at the moment into Gregor's
room;

Gregor sah glücklicherweise meist nur den 2.14
betreffenden Gegenstand und die Hand,

fortunately,

die ihn hielt. 2.15

Gregor usually only saw the object in question and the hand
holding it.

Die Bedienerin hatte vielleicht die Absicht, bei Zeit 2.16
und Gelegenheit die Dinge wieder zu holen oder
alle insgesamt mit einemmal hinauszuwerfen,
tatsächlich aber blieben sie dort liegen, wohin sie
durch den ersten Wurf gekommen waren, wenn
nicht Gregor sich durch das Rumpelzeug wand und
es in Bewegung brachte, zuerst gezwungen, weil
kein sonstiger Platz zum Kriechen frei war, später
aber mit wachsendem Vergnügen, obwohl er nach
solchen Wanderungen, zum Sterben müde und
traurig, wieder stundenlang sich nicht rührte.

Perhaps the servant intended to fetch the things again
when the time and opportunity arose or to throw them
all out at once, but in fact they remained where they had
been thrown the first time, unless Gregor wriggled through
the jumble and set it in motion, at first by force because
there was no other place to crawl, but later with increasing
pleasure, although after such wanderings, tired and sad to
death, he did not move for hours.

3.1 Da die Zimmerherren manchmal auch ihr Abendessen zu Hause im gemeinsamen Wohnzimmer einnahmen, blieb die Wohnzimmertür an manchen Abenden geschlossen, aber Gregor verzichtete ganz leicht auf das Öffnen der Tür, hatte er doch schon manche Abende, an denen sie geöffnet war, nicht ausgenutzt, sondern war, ohne daß es die Familie merkte, im dunkelsten Winkel seines Zimmers gelegen.

As the landlords sometimes had their evening meal at home in the common sitting-room, the sitting-room door remained closed on some evenings, but Gregor quite easily refrained from opening the door, as he had not taken advantage of many evenings when it was open, but had lain in the darkest corner of his room without the family noticing.

3.2 Einmal aber hatte die Bedienerin die Tür zum Wohnzimmer ein wenig offen gelassen, und sie blieb so offen, auch als die Zimmerherren am Abend eintraten und Licht gemacht wurde.

Once, however, the servant had left the door to the sitting-room a little open, and it remained so even when the masters entered in the evening and the light was turned on.

3.3 Sie setzten sich oben an den Tisch, wo in früheren Zeiten der Vater, die Mutter und Gregor gegessen hatten, entfalteten die Servietten und nahmen Messer und Gabel in die Hand.

They sat down upstairs at the table where their father, mother and Gregor had eaten in earlier times, unfolded the napkins and picked up their knives and forks.

Sofort erschien in der Tür die Mutter mit einer
Schüssel Fleisch und knapp hinter ihr die Schwester
mit einer Schüssel hochgeschichteter Kartoffeln.

3.4

Mother immediately appeared in the doorway with a
bowl of meat and her sister just behind her with a bowl of
layered potatoes.

Das Essen dampfte mit starkem Rauch.

3.5

The food was steaming with heavy smoke.

Die Zimmerherren beugten sich über die vor sie
hingestellten Schüsseln, als wollten sie sie vor
dem Essen prüfen, und tatsächlich zerschnitt der,
welcher in der Mitte saß und den anderen zwei als
Autorität zu gelten schien, ein Stück Fleisch noch
auf der Schüssel, offenbar um festzustellen, ob es
mürbe genug sei und ob es nicht etwa in die Küche
zurückgeschickt werden solle.

3.6

The masters of the room bent over the bowls placed before
them, as if to examine them before eating, and indeed the
one sitting in the middle, who seemed to be the authority
to the other two, cut a piece of meat while it was still in the
bowl, evidently to see if it was tender enough and should
not be sent back to the kitchen.

Er war befriedigt, und Mutter und Schwester, die
gespannt zugesehen hatten, begannen aufatmend zu
lächeln.

3.7

He was satisfied, and his mother and sister, who had been
watching intently, began to smile with relief.

Die Familie selbst aß in der Küche.

4.1

The family itself ate in the kitchen.

4.2 Trotzdem kam der Vater, ehe er in die Küche ging, in dieses Zimmer herein und machte mit einer einzigen Verbeugung, die Kappe in der Hand, einen Rundgang um den Tisch.

Nevertheless, before he went into the kitchen, the father came into the room and with a single bow, cap in hand, made a circuit around the table.

4.3 Die Zimmerherren erhoben sich sämtlich und murmelten etwas in ihre Bärte.

The masters all stood up and mumbled something into their beards.

4.4 Als sie dann allein waren,

When they were alone,

4.5 aßen sie fast unter vollkommenem Stillschweigen.

they ate in almost complete silence.

4.6 Sonderbar schien es Gregor, daß man aus allen mannigfachen Geräuschen des Essens immer wieder ihre kauenden Zähne heraushörte, als ob damit Gregor gezeigt werden sollte, daß man Zähne brauche, um zu essen, und daß man auch mit den schönsten zahnlosen Kiefern nichts ausrichten könne.

It seemed strange to Gregor that their chewing teeth could be heard again and again in all the various noises of the meal, as if to show Gregor that one needed teeth to eat, and that even the most beautiful toothless jaws could do nothing.

4.7 »Ich habe ja Appetit«, sagte sich Gregor sorgenvoll, »aber nicht auf diese Dinge.

"I do have an appetite," Gregor said to himself anxiously, "but not for these things.

Wie sich diese Zimmerherren nähren, und ich komme um!« 4.8

How these room masters feed, and I die!"

Kapitel 16

Chapter 16

1.1 Gerade an diesem Abend –

That very evening –

1.2 Gregor erinnerte sich nicht, während der ganzen Zeit die Violine gehört zu haben –

Gregor didn't remember hearing the violin the whole time –

1.3 ertönte sie von der Küche her.

it sounded from the kitchen.

1.4 Die Zimmerherren hatten schon ihr Nachtmahl beendet, der mittlere hatte eine Zeitung hervorgezogen, den zwei anderen je ein Blatt gegeben, und nun lasen sie zurückgelehnt und rauchten.

The gentlemen in the room had already finished their supper, the middle one had pulled out a newspaper, given the two others a page each, and now they were leaning back reading and smoking.

Als die Violine zu spielen begann, wurden sie
aufmerksam, erhoben sich und gingen auf
den Fußspitzen zur Vorzimmertür, in der sie
aneinandergedrängt stehen blieben.

1.5

When the violin began to play, they became attentive, rose
and tiptoed to the front door, where they stood crowded
together.

Man mußte sie von der Küche aus gehört haben,

1.6

They must have heard them from the kitchen,

denn der Vater rief:

1.7

because the father called out:

»Ist den Herren das Spiel vielleicht unangenehm?

1.8

"Are the gentlemen perhaps uncomfortable with the
playing?

Es kann sofort eingestellt werden.«

1.9

It can be stopped immediately."

»Im Gegenteil«, sagte der mittlere der Herren,
»möchte das Fräulein nicht zu uns hereinkommen
und hier im Zimmer spielen, wo es doch viel
bequemer und gemütlicher ist?«

1.10

"On the contrary," said the middle one of the gentlemen,
"wouldn't the young lady like to come in and play here in
the room, where it is much more comfortable and cozy?"

»O bitte«, rief der Vater, als sei er der Violinspieler.

1.11

"Oh, please," cried the father, as if he were the violinist.

Die Herren traten ins Zimmer zurück und warteten.

1.12

The gentlemen stepped back into the room and waited.

Bald kam der Vater mit dem Notenpult,

1.13

Soon the father came with the music stand,

1.14 **die Mutter mit den Noten und die Schwester mit der Violine.**
the mother with the sheet music and the sister with the violin.

1.15 **Die Schwester bereitete alles ruhig zum Spiele vor;**
The sister quietly prepared everything for playing;

1.16 **die Eltern, die niemals früher Zimmer vermietet hatten und deshalb die Höflichkeit gegen die Zimmerherren übertrieben, wagten gar nicht, sich auf ihre eigenen Sessel zu setzen;**
the parents, who had never let rooms before, and therefore exaggerated their politeness to the masters, did not dare to sit down in their own chairs;

1.17 **der Vater lehnte an der Tür,**
the father leaned against the door,

1.18 **die rechte Hand zwischen zwei Knöpfe des geschlossenen Livreerockes gesteckt;**
his right hand between two buttons of his closed livery skirt;

1.19 **die Mutter aber erhielt von einem Herrn einen Sessel angeboten und saß, da sie den Sessel dort ließ, wohin ihn der Herr zufällig gestellt hatte, abseits in einem Winkel.**
the mother, however, was offered an armchair by a gentleman, and, leaving the armchair where the gentleman had placed it by chance, sat apart in a corner.

2.1 **Die Schwester begann zu spielen;**
The sister began to play;

Vater und Mutter verfolgten, jeder von seiner Seite, aufmerksam die Bewegungen ihrer Hände.

2.2

father and mother, each from their own side, followed the movements of her hands attentively.

Gregor hatte, von dem Spiele angezogen, sich ein wenig weiter vorgewagt und war schon mit dem Kopf im Wohnzimmer.

2.3

Gregor, attracted by the game, had ventured a little further forward and was already with his head in the living room.

Er wunderte sich kaum darüber, daß er in letzter Zeit so wenig Rücksicht auf die andern nahm;

2.4

He was hardly surprised that he had shown so little consideration for the others lately;

früher war diese Rücksichtnahme sein Stolz gewesen.

2.5

in the past, this consideration had been his pride.

Und dabei hätte er gerade jetzt mehr Grund gehabt, sich zu verstecken, denn infolge des Staubes, der in seinem Zimmer überall lag und bei der kleinsten Bewegung umherflog, war auch er ganz staubbedeckt;

2.6

And yet he would have had more reason to hide himself now, for, owing to the dust that lay everywhere in his room and flew about at the slightest movement, he too was completely covered with dust;

Fäden, Haare, Speiseüberreste schleppte er auf seinem Rücken und an den Seiten mit sich herum;

2.7

he carried threads, hair, and the remains of food about with him on his back and sides;

2.8 seine Gleichgültigkeit gegen alles war viel zu groß, als daß er sich, wie früher mehrmals während des Tages, auf den Rücken gelegt und am Teppich gescheuert hätte.

his indifference to everything was far too great for him to lie on his back and rub against the carpet, as he had done several times during the day.

2.9 Und trotz dieses Zustandes hatte er keine Scheu, ein Stück auf dem makellosen Fußboden des Wohnzimmers vorzurücken.

And in spite of this state he was not afraid to move forward a little on the spotless floor of the living-room.

3.1 Allerdings achtete auch niemand auf ihn.

However, no one paid any attention to him either.

3.2 Die Familie war gänzlich vom Violinspiel in Anspruch genommen;

The family was completely absorbed by the violin playing;

3.3 die Zimmerherren dagegen, die zunächst, die Hände in den Hosentaschen, viel zu nahe hinter dem Notenpult der Schwester sich aufgestellt hatten, so daß sie alle in die Noten hätten sehen können, was sicher die Schwester stören mußte, zogen sich bald unter halblauten Gesprächen mit gesenkten Köpfen zum Fenster zurück, wo sie, vom Vater besorgt beobachtet, auch blieben.

the gentlemen in the room, on the other hand, who had initially positioned themselves far too close behind the sister's music stand with their hands in their trouser pockets, so that they could all have looked at the music, which must surely have disturbed the sister, soon withdrew to the window with their heads bowed in half-loud conversation, where they remained, watched anxiously by their father.

Es hatte nun wirklich den überdeutlichen Anschein,   3.4
als wären sie in ihrer Annahme, ein schönes oder
unterhaltendes Violinspiel zu hören, enttäuscht,
hätten die ganze Vorführung satt und ließen sich nur
aus Höflichkeit noch in ihrer Ruhe stören.

It really did seem as if they were disappointed in their
expectation of hearing a beautiful or entertaining violin
performance, were fed up with the whole show and only
allowed themselves to be disturbed out of politeness.

Besonders die Art, wie sie alle aus Nase und Mund   3.5
den Rauch ihrer Zigarren in die Höhe bliesen, ließ
auf große Nervosität schließen.

The way they all blew the smoke from their cigars out of
their noses and mouths in particular suggested that they
were very nervous.

Und doch spielte die Schwester so schön.   3.6

And yet the sister played so beautifully.

Ihr Gesicht war zur Seite geneigt,   3.7

Her face was tilted to one side,

prüfend und traurig folgten ihre Blicke den   3.8
Notenzeilen.

her eyes followed the staves with scrutiny and sadness.

Gregor kroch noch ein Stück vorwärts und hielt den   3.9
Kopf eng an den Boden, um möglicherweise ihren
Blicken begegnen zu können.

Gregor crawled forward a little more and held his head
close to the floor so that he could possibly meet her gaze.

War er ein Tier, da ihn Musik so ergriff?   3.10

Was he an animal because he was so moved by music?

3.11 **Ihm war, als zeige sich ihm der Weg zu der ersehnten unbekannten Nahrung.**

He felt as if the path to the longed-for unknown food was showing itself to him.

3.12 **Er war entschlossen, bis zur Schwester vorzudringen, sie am Rock zu zupfen und ihr dadurch anzudeuten, sie möge doch mit ihrer Violine in sein Zimmer kommen, denn niemand lohnte hier das Spiel so, wie er es lohnen wollte.**

He was determined to reach his sister, to tug at her skirt and hint to her that she might come into his room with her violin, for no one here rewarded playing the way he wanted to reward it.

3.13 **Er wollte sie nicht mehr aus seinem Zimmer lassen, wenigstens nicht, solange er lebte;**

He did not want to let her out of his room, at least not as long as he lived;

3.14 **seine Schreckgestalt sollte ihm zum erstenmal nützlich werden;**

his frightful figure was to become useful to him for the first time;

3.15 **an allen Türen seines Zimmers wollte er gleichzeitig sein und den Angreifern entgegenfauchen;**

he wanted to be at all the doors of his room at the same time and hiss at the attackers;

3.16 **die Schwester aber sollte nicht gezwungen, sondern freiwillig bei ihm bleiben;**

the sister, however, was not to be forced to stay with him, but was to stay voluntarily;

sie sollte neben ihm auf dem Kanapee sitzen, das 3.17
Ohr zu ihm herunterneigen, und er wollte ihr dann
anvertrauen, daß er die feste Absicht gehabt habe,
sie auf das Konservatorium zu schicken, und daß er
dies, wenn nicht das Unglück dazwischen gekommen
wäre, vergangene Weihnachten –

She was to sit beside him on the canapé, bending her ear
down to him, and he would then confide to her that he had
firmly intended to send her to the conservatory, and that,
had not misfortune intervened, he would have said so last
Christmas –

Weihnachten war doch wohl schon vorüber? 3.18

surely Christmas was already over?

– allen gesagt hätte, ohne sich um irgendwelche 3.19
Widerreden zu kümmern.

– he would have told everyone without worrying about any
objections.

Nach dieser Erklärung würde die Schwester in 3.20
Tränen der Rührung ausbrechen, und Gregor würde
sich bis zu ihrer Achsel erheben und ihren Hals
küssen, den sie, seitdem sie ins Geschäft ging, frei
ohne Band oder Kragen trug.

After this explanation the sister would burst into tears
of emotion, and Gregor would rise up to her armpit and
kiss her neck, which she had been wearing freely without
ribbon or collar ever since she went into business.

»Herr Samsa!« 4.1

"Mr. Samsa!"

4.2 rief der mittlere Herr dem Vater zu und zeigte, ohne ein weiteres Wort zu verlieren, mit dem Zeigefinger auf den langsam sich vorwärtsbewegenden Gregor.

the middle gentleman called to his father and, without saying another word, pointed his index finger at Gregor, who was slowly moving forward.

4.3 Die Violine verstummte, der mittlere Zimmerherr lächelte erst einmal kopfschüttelnd seinen Freunden zu und sah dann wieder auf Gregor hin.

The violin fell silent, the middle man smiled at his friends, shaking his head, and then looked at Gregor again.

4.4 Der Vater schien es für nötiger zu halten, statt Gregor zu vertreiben, vorerst die Zimmerherren zu beruhigen, trotzdem diese gar nicht aufgeregt waren und Gregor sie mehr als das Violinspiel zu unterhalten schien.

Instead of chasing Gregor away, the father seemed to think it was more necessary to calm down the room masters for the time being, even though they weren't upset at all and Gregor seemed to entertain them more than the violin playing.

4.5 Er eilte zu ihnen und suchte sie mit ausgebreiteten Armen in ihr Zimmer zu drängen und gleichzeitig mit seinem Körper ihnen den Ausblick auf Gregor zu nehmen.

He hurried to them and tried to push them into their room with outstretched arms, at the same time using his body to block their view of Gregor.

Sie wurden nun tatsächlich ein wenig böse, man   4.6
wußte nicht mehr, ob über das Benehmen des Vaters
oder über die ihnen jetzt aufgehende Erkenntnis,
ohne es zu wissen, einen solchen Zimmernachbar
wie Gregor besessen zu haben.

They were actually a little angry now, they didn't know
whether at their father's behavior or at the realization
that they now had such a room-mate as Gregor without
knowing it.

Sie verlangten vom Vater Erklärungen, hoben   4.7
ihrerseits die Arme, zupften unruhig an ihren Bärten
und wichen nur langsam gegen ihr Zimmer zurück.

They demanded explanations from their father, raised
their arms, tugged restlessly at their beards and only slowly
moved back towards their room.

4.8 Inzwischen hatte die Schwester die Verlorenheit, in die sie nach dem plötzlich abgebrochenen Spiel verfallen war, überwunden, hatte sich, nachdem sie eine Zeit lang in den lässig hängenden Händen Violine und Bogen gehalten und weiter, als spiele sie noch, in die Noten gesehen hatte, mit einem Male aufgerafft, hatte das Instrument auf den Schoß der Mutter gelegt, die in Atembeschwerden mit heftig arbeitenden Lungen noch auf ihrem Sessel saß, und war in das Nebenzimmer gelaufen, dem sich die Zimmerherren unter dem Drängen des Vaters schon schneller näherten.

In the meantime, the sister had overcome the forlornness into which she had fallen after the suddenly interrupted playing, and after holding the violin and bow in her casually hanging hands for a while and continuing to look at the sheet music as if she were still playing, she had suddenly pulled herself together, placed the instrument on her mother's lap, who was still sitting in her armchair in breathing difficulties with her lungs working violently, and had run into the next room, which the chambermaids were already approaching more quickly under the urging of her father.

4.9 Man sah, wie unter den geübten Händen der Schwester die Decken und Polster in den Betten in die Höhe flogen und sich ordneten.

You could see the blankets and cushions in the beds flying up and arranging themselves under the sister's practiced hands.

4.10 Noch ehe die Herren das Zimmer erreicht hatten,

Before the gentlemen had even reached the room,

4.11 war sie mit dem Aufbetten fertig und schlüpfte heraus.

she had finished making up the beds and slipped out.

Der Vater schien wieder von seinem Eigensinn derartig ergriffen, daß er jeden Respekt vergaß, den er seinen Mietern immerhin schuldete. 4.12

The father again seemed so carried away by his obstinacy that he forgot all the respect he owed his tenants.

Er drängte nur und drängte, 4.13

He just pushed and pushed until the middle gentleman stomped his foot thunderously in the doorway of the room,

bis schon in der Tür des Zimmers der mittlere der Herren donnernd mit dem Fuß aufstampfte und dadurch den Vater zum Stehen brachte. 4.14

bringing his father to a halt.

»Ich erkläre hiermit«, sagte er, hob die Hand und suchte mit den Blicken auch die Mutter und die Schwester, »daß ich mit Rücksicht auf die in dieser Wohnung und Familie herrschenden widerlichen Verhältnisse« – 4.15

"I hereby declare," he said, raising his hand and looking at his mother and sister, "that in view of the disgusting conditions prevailing in this apartment and family" –

hierbei spie er kurz entschlossen auf den Boden – 4.16

he spat resolutely at the floor –

»mein Zimmer augenblicklich kündige. 4.17

"I am giving up my room immediately.

Ich werde natürlich auch für die Tage, die ich hier gewohnt habe, nicht das Geringste bezahlen, dagegen werde ich es mir noch überlegen, ob ich nicht mit irgendwelchen – 4.18

I shall not, of course, pay the least for the days I have lived here, but I shall consider whether I will not make some –

4.19 **glauben Sie mir –**

believe me –

4.20 **sehr leicht zu begründenden Forderungen gegen Sie auftreten werde.«**

very easily justifiable claim against you."

4.21 **Er schwieg und sah gerade vor sich hin, als erwarte er etwas.**

He remained silent and looked straight ahead as if he was expecting something.

4.22 **Tatsächlich fielen sofort seine zwei Freunde mit den Worten ein:**

In fact, his two friends immediately intervened with the words:

4.23 **»Auch wir kündigen augenblicklich.«**

"We also quit immediately."

4.24 **Darauf faßte er die Türklinke und schloß mit einem Krach die Tür.**

He then grabbed the door handle and closed the door with a bang.

Kapitel 17

Chapter 17

1.1 Der Vater wankte mit tastenden Händen zu seinem Sessel und ließ sich in ihn fallen;

His father staggered with groping hands to his armchair and dropped into it;

1.2 es sah aus, als strecke er sich zu seinem gewöhnlichen Abendschläfchen, aber das starke Nicken seines wie haltlosen Kopfes zeigte, daß er ganz und gar nicht schlief.

it looked as if he were stretching out for his usual evening nap, but the strong nodding of his head, as if without support, showed that he was not asleep at all.

1.3 Gregor war die ganze Zeit still auf dem Platz gelegen, auf dem ihn die Zimmerherren ertappt hatten.

Gregor had lain still all the time in the place where the room-masters had caught him.

Die Enttäuschung über das Mißlingen seines Planes, vielleicht aber auch die durch das viele Hungern verursachte Schwäche machten es ihm unmöglich, sich zu bewegen.   1.4

The disappointment at the failure of his plan, or perhaps the weakness caused by all the starvation, made it impossible for him to move.

Er fürchtete mit einer gewissen Bestimmtheit schon für den nächsten Augenblick einen allgemeinen über ihn sich entladenden Zusammensturz und wartete.   1.5

He feared with a certain certainty that a general collapse would come over him in the next moment and waited.

Nicht einmal die Violine schreckte ihn auf, die, unter den zitternden Fingern der Mutter hervor, ihr vom Schoße fiel und einen hallenden Ton von sich gab.   1.6

He was not even startled by the violin, which fell from his mother's lap under her trembling fingers and emitted an echoing sound.

»Liebe Eltern«, sagte die Schwester und schlug zur Einleitung mit der Hand auf den Tisch,   2.1

"Dear parents", said the sister, slapping her hand on the table by way of introduction,

»so geht es nicht weiter.   2.2

"it can't go on like this.

Wenn ihr das vielleicht nicht einsehet, ich sehe es ein.   2.3

You may not realize it, but I do.

Ich will vor diesem Untier nicht den Namen meines Bruders aussprechen,   2.4

I don't want to speak my brother's name in front of this monster,

2.5 und sage daher bloß: wir müssen versuchen, es loszuwerden.

so I'll just say: we have to try to get rid of it.

2.6 Wir haben das Menschenmögliche versucht, es zu pflegen und zu dulden, ich glaube, es kann uns niemand den geringsten Vorwurf machen.«

We have done our best to care for it and tolerate it, and I don't think anyone can blame us in the least."

2.7 »Sie hat tausendmal Recht,«

"She's right a thousand times over,"

2.8 sagte der Vater für sich.

said the father to himself.

2.9 Die Mutter, die noch immer nicht genug Atem finden konnte, fing in die vorgehaltene Hand mit einem irrsinnigen Ausdruck der Augen dumpf zu husten an.

The mother, still unable to catch her breath, began to cough muffledly into the hand held out to her with an insane expression in her eyes.

3.1 Die Schwester eilte zur Mutter und hielt ihr die Stirn.

The sister hurried to her mother and held her forehead.

3.2 Der Vater schien durch die Worte der Schwester auf bestimmtere Gedanken gebracht zu sein, hatte sich aufrecht gesetzt, spielte mit seiner Dienermütze zwischen den Tellern, die noch vom Nachtmahl der Zimmerherren her auf dem Tische lagen, und sah bisweilen auf den stillen Gregor hin.

The father seemed to have been brought to more definite thoughts by the sister's words, had sat upright, played with his servant's cap between the plates still lying on the table from the chambermaids' supper, and occasionally looked at the quiet Gregor.

»Wir müssen es loszuwerden suchen«, sagte die 4.1
Schwester nun ausschließlich zum Vater, denn die
Mutter hörte in ihrem Husten nichts, »es bringt euch
noch beide um, ich sehe es kommen.

"We must try to get rid of it," the sister now said to her
father alone, for her mother could hear nothing in her
coughing, "it will kill you both, I can see it coming.

Wenn man schon so schwer arbeiten muß, wie wir 4.2
alle, kann man nicht noch zu Hause diese ewige
Quälerei ertragen.

If you have to work as hard as we all do, you can't go on
suffering this eternal torment at home.

Ich kann es auch nicht mehr.« 4.3

I can't do it any more either."

Und sie brach so heftig in Weinen aus, daß ihre 4.4
Tränen auf das Gesicht der Mutter niederflossen,
von dem sie sie mit mechanischen Handbewegungen
wischte.

And she burst out crying so violently that her tears
streamed down onto her mother's face, which she wiped
away with mechanical hand movements.

»Kind«, sagte der Vater mitleidig und mit 5.1
auffallendem Verständnis, »was sollen wir aber tun?«

"Child," said the father compassionately and with
conspicuous understanding, "what are we supposed to
do?"

Die Schwester zuckte nur die Achseln zum Zeichen 6.1
der Ratlosigkeit,

The sister just shrugged her shoulders in a sign of the
helplessness that had now taken hold of her while she was
crying,

6.2 die sie nun während des Weinens im Gegensatz zu
ihrer früheren Sicherheit ergriffen hatte.

in contrast to her earlier certainty.

7.1 »Wenn er uns verstünde,« sagte der Vater halb
fragend;

"If he understood us," said the father half-questioningly;

7.2 die Schwester schüttelte aus dem Weinen heraus
heftig die Hand zum Zeichen, daß daran nicht zu
denken sei.

the sister shook her hand violently out of her weeping to
show that it was out of the question.

8.1 »Wenn er uns verstünde«, wiederholte der Vater und
nahm durch Schließen der Augen die Überzeugung
der Schwester von der Unmöglichkeit dessen in sich
auf, »dann wäre vielleicht ein Übereinkommen mit
ihm möglich.

"If he understood us," repeated the father, closing his
eyes and absorbing the sister's conviction that this was
impossible, "then perhaps an agreement with him would
be possible.

8.2 Aber so – «

But like this – "

9.1 »Weg muß es«, rief die Schwester, »das ist das einzige
Mittel, Vater.

"It must go," cried the sister, "that's the only way, father.

9.2 Du mußt bloß den Gedanken loszuwerden suchen,
daß es Gregor ist.

You must only try to get rid of the idea that it is Gregor.

Daß wir es solange geglaubt haben, das ist ja unser
eigentliches Unglück.

9.3

That we have believed it for so long is our real misfortune.

Aber wie kann es denn Gregor sein?

9.4

But how can it be Gregory?

Wenn es Gregor wäre, er hätte längst eingesehen,
daß ein Zusammenleben von Menschen mit einem
solchen Tier nicht möglich ist, und wäre freiwillig
fortgegangen.

9.5

If it were Gregory, he would have realized long ago that it is
not possible for people to live together with such an animal
and would have left voluntarily.

Wir hätten dann keinen Bruder,

9.6

We would then have no brother,

aber könnten weiter leben und sein Andenken in
Ehren halten.

9.7

but could continue to live and honor his memory.

So aber verfolgt uns dieses Tier, vertreibt die
Zimmerherren, will offenbar die ganze Wohnung
einnehmen und uns auf der Gasse übernachten
lassen.

9.8

But as it is, this animal is chasing us, driving away the
landlords, apparently wanting to take over the whole
apartment and make us spend the night in the alley.

Sieh nur, Vater«, schrie sie plötzlich auf, »er fängt
schon wieder an!«

9.9

Look, Father," she suddenly cried out, "he's starting again!"

9.10 Und in einem für Gregor gänzlich unverständlichen Schrecken verließ die Schwester sogar die Mutter, stieß sich förmlich von ihrem Sessel ab, als wollte sie lieber die Mutter opfern, als in Gregors Nähe bleiben, und eilte hinter den Vater, der, lediglich durch ihr Benehmen erregt, auch aufstand und die Arme wie zum Schutze der Schwester vor ihr halb erhob.

And in a fright that Gregor could not understand, the sister even left her mother, literally pushed herself away from her chair, as if she would rather sacrifice her mother than stay near Gregor, and hurried behind her father, who, only aroused by her behavior, also stood up and half-raised his arms in front of her as if to protect his sister.

10.1 Aber Gregor fiel es doch gar nicht ein,

But it didn't occur to Gregor to want to frighten anyone,

10.2 irgend jemandem und gar seiner Schwester Angst machen zu wollen.

let alone his sister.

10.3 Er hatte bloß angefangen sich umzudrehen, um in sein Zimmer zurückzuwandern, und das nahm sich allerdings auffallend aus, da er infolge seines leidenden Zustandes bei den schwierigen Umdrehungen mit seinem Kopfe nachhelfen mußte, den er hierbei viele Male hob und gegen den Boden schlug.

He had just started to turn around to go back to his room, and that was quite remarkable, as he had to help with the difficult turns with his head, which he lifted many times and knocked against the floor.

10.4 Er hielt inne und sah sich um.

He stopped and looked around.

Seine gute Absicht schien erkannt worden zu sein; 10.5
His good intention seemed to have been recognized;

es war nur ein augenblicklicher Schrecken gewesen. 10.6
it had only been a momentary fright.

Nun sahen ihn alle schweigend und traurig an. 10.7
Now everyone looked at him silently and sadly.

Die Mutter lag, die Beine ausgestreckt und 10.8
aneinandergedrückt, in ihrem Sessel, die Augen
fielen ihr vor Ermattung fast zu;
His mother was lying in her armchair, her legs stretched
out and pressed together, her eyes almost closed with
weariness;

der Vater und die Schwester saßen nebeneinander, 10.9
his father and sister were sitting side by side,

die Schwester hatte ihre Hand um des Vaters Hals 10.10
gelegt.
his sister had her hand around his father's neck.

»Nun darf ich mich schon vielleicht umdrehen,« 11.1
"Maybe I can turn around now,"

dachte Gregor und begann seine Arbeit wieder. 11.2
thought Gregor and began his work again.

Er konnte das Schnaufen der Anstrengung nicht 11.3
unterdrücken und mußte auch hier und da ausruhen.
He couldn't suppress his panting from the exertion and had
to rest here and there.

Im übrigen drängte ihn auch niemand, es war alles 12.1
ihm selbst überlassen.
Incidentally, no one was pushing him, it was all up to him.

12.2 Als er die Umdrehung vollendet hatte, fing er sofort an, geradeaus zurückzuwandern.

When he had completed the turn, he immediately began to walk straight back.

12.3 E staunte über die große Entfernung, die ihn von seinem Zimmer trennte, und begriff gar nicht, wie er bei seiner Schwäche vor kurze Zeit den gleichen Weg, fast ohne es zu merken, zurückgelegt hatte.

E was amazed at the great distance that separated him from his room and didn't realize how, given his weakness, he had covered the same distance a short time ago, almost without realizing it.

12.4 Immerfort nur auf rasches Kriechen bedacht, achtete er kaum da auf, daß kein Wort, kein Ausruf seiner Familie ihn störte.

Always intent on crawling quickly, he paid little attention to the fact that no word or exclamation from his family disturbed him.

Kapitel 18

Chapter 18

1.1 **Erst als er schon in der Tür war, wendete er den Kopf, nicht vollständig, denn er fühlte den Hals steif werden, immerhin sah er noch, daß sich hinter ihm nichts verändert hatte, nur die Schwester war aufgestanden.**

Only when he was already in the doorway did he turn his head, not completely, because he felt his neck stiffen, but he could still see that nothing had changed behind him, only the sister had gotten up.

1.2 **Sein letzter Blick streifte die Mutter,**

His last glance was at his mother,

1.3 **die nun völlig eingeschlafen war.**

who was now completely asleep.

2.1 **Kaum war er innerhalb seines Zimmers,**

As soon as he was inside his room,

2.2 **wurde die Tür eiligst zu gedrückt festgeriegelt und versperrt.**

the door was hurriedly pushed shut and locked.

Über den plötzlichen Lärm hinter sich erschrak
Gregor so, daß ihm die Beinchen einknickten.

2.3

Gregor was so startled by the sudden noise behind him that
his legs buckled.

Es war die Schwester, die sich so beeilt hatte.

2.4

It was the sister who had rushed in.

Aufrecht war sie schon da gestanden und
hatte gewartet, leichtfüßig war sie dann
vorwärtsgesprungen, Gregor hatte sie gar nicht
kommen hören, und ein

2.5

She had been standing upright and waiting, then light-
footedly jumped forward, Gregor hadn't even heard her
coming, and she shouted

»Endlich!«

2.6

"At last!"

rief sie den Eltern zu, während sie den Schlüssel im
Schloß umdrehte.

2.7

to her parents as she turned the key in the lock.

»Und jetzt?« fragte sich Gregor und sah sich im
Dunkeln um.

3.1

"And now?" Gregor asked himself and looked around in the
dark.

Er machte bald die Entdeckung, daß er sich nun
überhaupt nicht mehr rühren konnte.

3.2

He soon discovered that he could no longer move at all.

3.3 Er wunderte sich darüber nicht, eher kam es ihm unnatürlich vor, daß er sich bis jetzt tatsächlich mit diesen dünnen Beinchen hatte fortbewegen können.

He wasn't surprised by this, rather it seemed unnatural to him that he had actually been able to move with these thin little legs until now.

3.4 Im übrigen fühlte er sich verhältnismäßig behaglich.

For the rest, he felt relatively comfortable.

3.5 Er hatte zwar Schmerzen im ganzen Leib, aber ihm war, als würden sie allmählich schwächer und schwächer und würden schließlich ganz vergehen.

He had pains all over his body, but he felt as if they were gradually getting weaker and weaker and would eventually disappear altogether.

3.6 Den verfaulten Apfel in seinem Rücken und die entzündete Umgebung, die ganz von weichem Staub bedeckt waren, spürte er schon kaum.

He could hardly feel the rotten apple in his back and the inflamed surroundings, which were completely covered in soft dust.

3.7 An seine Familie dachte er mit Rührung und Liebe zurück.

He thought back to his family with emotion and love.

3.8 Seine Meinung darüber, daß er verschwinden müsse, war womöglich noch entschiedener, als die seiner Schwester.

His opinion that he had to disappear was perhaps even more decisive than that of his sister.

In diesem Zustand leeren und friedlichen Nachdenkens blieb er, bis die Turmuhr die dritte Morgenstunde schlug.

He remained in this state of empty and peaceful reflection until the tower clock struck the third hour of the morning.

Den Anfang des allgemeinen Hellerwerdens draußen vor dem Fenster erlebte er noch.

He witnessed the beginning of the general brightening outside the window.

Dann sank sein Kopf ohne seinen Willen gänzlich nieder,

Then his head sank down completely without his will,

und aus seinen Nüstern strömte sein letzter Atem schwach hervor.

and his last breath flowed weakly from his nostrils.

Als am frühen Morgen die Bedienerin kam –

When the servant came early in the morning –

vor lauter Kraft und Eile schlug sie, wie oft man sie auch schon gebeten hatte, das zu vermeiden, alle Türen derartig zu, daß in der ganzen Wohnung von ihrem Kommen an kein ruhiger Schlaf mehr möglich war – ,

out of sheer strength and haste, she slammed all the doors so hard, no matter how often she had been asked to avoid it, that no quiet sleep was possible in the whole apartment from the moment she arrived –

fand sie bei ihrem gewöhnlichen kurzen Besuch an Gregor zuerst nichts Besonderes.

she found nothing special about Gregor during her usual brief visit.

4.4 **Sie dachte,**
She thought he was lying there motionless on purpose,

4.5 **er liege absichtlich so unbeweglich da und spiele den Beleidigten;**
playing the insulted man;

4.6 **sie traute ihm allen möglichen Verstand zu.**
she believed him to have all kinds of sense.

4.7 **Weil sie zufällig den langen Besen in der Hand hielt,**
As she happened to have the long broom in her hand,

4.8 **suchte sie mit ihm Gregor von der Tür aus zu kitzeln.**
she tried to tickle Gregor with it from the doorway.

4.9 **Als sich auch da kein Erfolg zeigte, wurde sie ärgerlich und stieß ein wenig in Gregor hinein, und erst als sie ihn ohne jeden Widerstand von seinem Platze geschoben hatte, wurde sie aufmerksam.**
When this also proved unsuccessful, she became angry and poked Gregor a little, and only when she had pushed him out of his seat without any resistance did she take notice.

4.10 **Als sie bald den wahren Sachverhalt erkannte, machte sie große Augen, pfiff vor sich hin, hielt sich aber nicht lange auf, sondern riß die Tür des Schlafzimmers auf und rief mit lauter Stimme in das Dunkel hinein:**
When she soon realized the true state of affairs, she opened her eyes wide, whistled to herself, but didn't linger for long, but tore open the bedroom door and shouted loudly into the darkness:

4.11 **»Sehen Sie nur mal an, es ist krepiert; da liegt es,**
"Look at it, it's croaked; there it lies,

ganz und gar krepiert!« 4.12

completely and utterly croaked!"

Das Ehepaar Samsa saß im Ehebett aufrecht da und 5.1
hatte zu tun, den Schrecken über die Bedienerin
zu verwinden, ehe es dazu kam, ihre Meldung
aufzufassen.

Mr. and Mrs. Samsa sat upright in their bed and had
to get over their fright at the servant before they could
understand her message.

Dann aber stiegen Herr und Frau Samsa, jeder auf 5.2
seiner Seite, eiligst aus dem Bett, Herr Samsa warf
die Decke über seine Schultern, Frau Samsa kam
nur im Nachthemd hervor; so traten sie in Gregors
Zimmer.

Then Mr. and Mrs. Samsa got out of bed in a hurry, each
on his own side, Mr. Samsa threw the blanket over his
shoulders, Mrs. Samsa came out in her nightgown, and
they entered Gregor's room.

Inzwischen hatte sich auch die Tür des 5.3
Wohnzimmers geöffnet,

In the meantime the door of the sitting-room had opened,

in dem Grete seit dem Einzug der Zimmerherren 5.4
schlief;

where Grete had been sleeping since the masters had
come in;

sie war völlig angezogen, als hätte sie gar nicht 5.5
geschlafen, auch ihr bleiches Gesicht schien das zu
beweisen.

she was fully dressed, as if she had not slept at all, and her
pale face seemed to prove it.

5.6 »Tot?«

"Dead?"

5.7 sagte Frau Samsa und sah fragend zur Bedienerin auf, trotzdem sie doch alles selbst prüfen und sogar ohne Prüfung erkennen konnte.

said Mrs. Samsa, looking up questioningly at the servant, although she could check everything herself and even recognize it without examination.

5.8 »Das will ich meinen«, sagte die Bedienerin und stieß zum Beweis Gregors Leiche mit dem Besen noch ein großes Stück seitwärts.

"I should think so," said the servant, pushing Gregor's body a long way to the side with the broom to prove it.

5.9 Frau Samsa machte eine Bewegung, als wolle sie den Besen zurückhalten, tat es aber nicht.

Mrs. Samsa made a movement as if she wanted to hold the broom back, but she didn't.

5.10 »Nun«, sagte Herr Samsa, »jetzt können wir Gott danken.«

"Well," said Mr. Samsa, "now we can thank God."

5.11 Er bekreuzte sich, und die drei Frauen folgten seinem Beispiel.

He crossed himself and the three women followed his example.

6.1 Grete, die kein Auge von der Leiche wendete, sagte:

Grete, who didn't take her eyes off the corpse, said:

6.2 »Seht nur, wie mager er war.

"Look how skinny he was.

Er hat ja auch schon so lange Zeit nichts gegessen. 6.3
He hadn't eaten for such a long time.

So wie die Speisen hereinkamen, 6.4
The way the food came in,

sind sie wieder hinausgekommen.« 6.5
it went out again."

Tatsächlich war Gregors Körper vollständig flach und 6.6
trocken, man erkannte das eigentlich erst jetzt, da er
nicht mehr von den Beinchen gehoben war und auch
sonst nichts den Blick ablenkte.
Gregor's body was indeed completely flat and dry, which
was only really noticeable now that his legs were no longer
raised and there was nothing else to distract the eye.

»Komm, Grete, auf ein Weilchen zu uns herein«, 7.1
sagte Frau Samsa mit einem wehmütigen
Lächeln, und Grete ging, nicht ohne nach der
Leiche zurückzusehen, hinter den Eltern in das
Schlafzimmer.
"Come in for a little while, Grete," said Mrs. Samsa with a
wistful smile, and Grete, not without looking back at the
body, went behind her parents into the bedroom.

Die Bedienerin schloß die Tür und öffnete gänzlich 7.2
das Fenster.
The servant closed the door and opened the window all the
way.

Trotz des frühen Morgens war der frischen Luft 7.3
schon etwas Lauigkeit beigemischt.
Despite the early morning, the fresh air was already
somewhat balmy.

7.4 **Es war eben schon Ende März.**
It was already the end of March.

8.1 **Aus ihrem Zimmer traten die drei Zimmerherren und sahen sich erstaunt nach ihrem Frühstück um;**
The three masters came out of their room and looked around in amazement for their breakfast;

8.2 **man hatte sie vergessen. »Wo ist das Frühstück?«**
they had been forgotten. "Where's breakfast?"

8.3 **fragte der mittlere der Herren mürrisch die Bedienerin.**
the middle gentleman asked the servant grumpily.

8.4 **Diese aber legte den Finger an den Mund und winkte dann hastig und schweigend den Herren zu, sie möchten in Gregors Zimmer kommen.**
But she put her finger to her mouth and then hastily and silently beckoned to the gentlemen to come into Gregor's room.

8.5 **Sie kamen auch und standen dann, die Hände in den Taschen ihrer etwas abgenutzten Röckchen, in dem nun schon ganz hellen Zimmer um Gregors Leiche herum.**
They did come and then stood around Gregor's body in the now very bright room, their hands in the pockets of their somewhat worn skirts.

9.1 **Da öffnete sich die Tür des Schlafzimmers, und Herr Samsa erschien in seiner Livree an einem Arm seine Frau, am anderen seine Tochter.**
Then the door of the bedroom opened, and Mr. Samsa appeared in his livery with his wife on one arm and his daughter on the other.

Alle waren ein wenig verweint; 9.2
They were all a little tearful;

Grete drückte bisweilen ihr Gesicht an den Arm des 9.3
Vaters.
Grete occasionally pressed her face against her father's
arm.

»Verlassen Sie sofort meine Wohnung!« 10.1
"Leave my apartment immediately!"

sagte Herr Samsa und zeigte auf die Tür, 10.2
said Mr. Samsa,

ohne die Frauen von sich zu lassen. 10.3
pointing to the door without letting the women leave.

»Wie meinen Sie das?« 10.4
"What do you mean?"

sagte der mittlere der Herren etwas bestürzt und 10.5
lächelte süßlich.
said the middle one of the gentlemen, somewhat dismayed
and smiling sweetly.

Die zwei anderen hielten die Hände auf dem Rücken 10.6
und rieben sie ununterbrochen aneinander, wie in
freudiger Erwartung eines großen Streites, der aber
für sie günstig ausfallen mußte.
The two others held their hands behind their backs
and rubbed them together incessantly, as if in joyful
anticipation of a great quarrel, which, however, was bound
to turn out favorably for them.

10.7 »Ich meine es genau so, wie ich es sage«, antwortete Herr Samsa und ging in einer Linie mit seinen zwei Begleiterinnen auf den Zimmerherrn zu.

"I mean exactly what I say," replied Mr. Samsa, and walked in a line with his two companions towards the master of the room.

10.8 Dieser stand zuerst still da und sah zu Boden, als ob sich die Dinge in seinem Kopf zu einer neuen Ordnung zusammenstellten.

The latter stood still at first and looked at the floor as if things were arranging themselves into a new order in his head.

10.9 »Dann gehen wir also«, sagte er dann und sah zu Herrn Samsa auf, als verlange er in einer plötzlich ihn überkommenden Demut sogar für diesen Entschluß eine neue Genehmigung.

"Then let's go," he then said, looking up at Mr. Samsa as if, in a sudden humility that overcame him, he demanded new permission even for this decision.

10.10 Herr Samsa nickte ihm bloß mehrmals kurz mit großen Augen zu.

Mr. Samsa merely nodded to him several times with wide eyes.

10.11 Daraufhin ging der Herr tatsächlich sofort mit langen Schritten ins Vorzimmer;

Thereupon the gentleman did indeed go at once with long strides into the antechamber;

seine beiden Freunde hatten schon ein Weilchen lang   10.12
mit ganz ruhigen Händen aufgehorcht und hüpften
ihm jetzt geradezu nach, wie in Angst, Herr Samsa
könnte vor ihnen ins Vorzimmer eintreten und die
Verbindung mit ihrem Führer stören.

his two friends had been listening for a while with very
steady hands, and were now almost skipping after him,
as if afraid that Mr. Samsa might enter the antechamber
before them and disturb the connection with their leader.

Im Vorzimmer nahmen alle drei die Hüte vom   10.13
Kleiderrechen, zogen ihre Stöcke aus dem
Stockbehälter, verbeugten sich stumm und verließen
die Wohnung.

In the anteroom, all three took their hats from the clothes
rack, pulled their canes from the cane holder, bowed
silently and left the apartment.

In einem, wie sich zeigte, gänzlich unbegründeten   10.14
Mißtrauen trat Herr Samsa mit den zwei Frauen auf
den Vorplatz hinaus;

In what turned out to be a completely unfounded mistrust,
Mr. Samsa stepped out onto the forecourt with the two
women;

an das Geländer gelehnt, sahen sie zu, wie die   10.15
drei Herren zwar langsam, aber ständig die lange
Treppe hinunterstiegen, in jedem Stockwerk in
einer bestimmten Biegung des Treppenhauses
verschwanden und nach ein paar Augenblicken
wieder hervorkamen;

leaning against the banister, they watched as the three
gentlemen slowly but steadily descended the long staircase,
disappearing at each floor into a particular bend in the
stairwell and emerging again after a few moments;

10.16 je tiefer sie gelangten, desto mehr verlor sich
das Interesse der Familie Samsa für sie, und als
ihnen entgegen und dann hoch über sie hinweg
ein Fleischergeselle mit der Trage auf dem Kopf in
stolzer Haltung heraufstieg, verließ bald Herr Samsa
mit den Frauen das Geländer, und alle kehrten, wie
erleichtert, in ihre Wohnung zurück.

The lower they went, the more the Samsa family lost
interest in them, and when a journeyman butcher with
a stretcher on his head ascended proudly towards them and
then high above them, Mr. Samsa soon left the banister
with the women, and they all returned to their apartment,
as if relieved.

Kapitel 19

Chapter 19

1.1 Sie beschlossen, den heutigen Tag zum Ausruhen und Spazierengehen zu verwenden;

They decided to use today to relax and go for a walk;

1.2 sie hatten diese Arbeitsunterbrechung nicht nur verdient,

not only had they earned this break from work,

1.3 sie brauchten sie sogar unbedingt.

they really needed it.

1.4 Und so setzten sie sich zum Tisch und schrieben drei Entschuldigungsbriefe, Herr Samsa an seine Direktion, Frau Samsa an ihren Auftraggeber, und Grete an ihren Prinzipal.

And so they sat down at the table and wrote three letters of apology, Mr. Samsa to his management, Mrs. Samsa to her employer, and Grete to her principal.

1.5 Während des Schreibens kam die Bedienerin herein, um zu sagen, daß sie fortgehe, denn ihre Morgenarbeit war beendet.

While they were writing, the servant came in to say that she was going away, for her morning's work was finished.

Die drei Schreibenden nickten zuerst bloß, ohne aufzuschauen, erst als die Bedienerin sich immer noch nicht entfernen wollte, sah man ärgerlich auf.

1.6

At first the three clerks merely nodded without looking up, and it was only when the servant still refused to leave that they looked up in annoyance.

»Nun?« fragte Herr Samsa.

1.7

"Well?" asked Mr. Samsa.

Die Bedienerin stand lächelnd in der Tür, als habe sie der Familie ein großes Glück zu melden, werde es aber nur dann tun, wenn sie gründlich ausgefragt werde.

1.8

The servant stood smiling in the doorway, as if she had some great good fortune to report to the family, but would only do so if she was thoroughly questioned.

Die fast aufrechte kleine Straußfeder auf ihrem Hut, über die sich Herr Samsa schon während ihrer ganzen Dienstzeit ärgerte, schwankte leicht nach allen Richtungen.

1.9

The almost upright little ostrich feather on her hat, which had annoyed Mr. Samsa during her entire period of service, swayed slightly in all directions.

»Also was wollen Sie eigentlich?« fragte Frau Samsa,

1.10

"So what do you actually want?" asked Mrs. Samsa,

vor welcher die Bedienerin noch am meisten Respekt hatte.

1.11

for whom the waitress still had the most respect.

1.12 »Ja«, antwortete die Bedienerin und konnte vor
freundlichem Lachen nicht gleich weiter reden, »also
darüber, wie das Zeug von nebenan weggeschafft
werden soll, müssen Sie sich keine Sorge machen.

"Yes," replied the waitress, unable to carry on with her
friendly laughter, "so you don't have to worry about how
the stuff from next door is going to be taken away.

1.13 Es ist schon in Ordnung.«

It's all right."

1.14 Frau Samsa und Grete beugten sich zu ihren Briefen
nieder, als wollten sie weiterschreiben;

Mrs. Samsa and Grete bent down to their letters as if they
wanted to continue writing;

1.15 Herr Samsa, welcher merkte, daß die Bedienerin nun
alles ausführlich zu beschreiben anfangen wollte,
wehrte dies mit ausgestreckter Hand entschieden ab.

Mr. Samsa, who noticed that the servant wanted to begin
describing everything in detail, resolutely refused with an
outstretched hand.

1.16 Da sie aber nicht erzählen durfte, erinnerte sie sich
an die große Eile, die sie hatte, rief offenbar beleidigt:
»Adjes allseits«, drehte sich wild um und verließ
unter fürchterlichem Türezuschlagen die Wohnung.

But as she was not allowed to tell, she remembered the
great hurry she was in, shouted, apparently offended,
"Adjes allseits," turned round wildly, and left the
apartment, slamming the door terribly.

»Abends wird sie entlassen«, sagte Herr Samsa, 2.1
bekam aber weder von seiner Frau, noch von seiner
Tochter eine Antwort, denn die Bedienerin schien
ihre kaum gewonnene Ruhe wieder gestört zu haben.
"She will be released in the evening," said Mr. Samsa, but
received no answer from either his wife or his daughter,
for the servant seemed to have disturbed their barely won
peace again.

Sie erhoben sich, gingen zum Fenster und blieben 2.2
dort, sich umschlungen haltend.
They rose, went to the window and remained there,
holding each other close.

Herr Samsa drehte sich in seinem Sessel nach ihnen 2.3
um und beobachtete sie still ein Weilchen.
Mr. Samsa turned around in his armchair and watched
them quietly for a while.

Dann rief er: »Also kommt doch her. 2.4
Then he called out, "So come here.

Laßt schon endlich die alten Sachen. 2.5
Leave the old things at last.

Und nehmt auch ein wenig Rücksicht auf mich.« 2.6
And show me a little consideration."

Gleich folgten ihm die Frauen, eilten zu ihm, 2.7
liebkosten ihn und beendeten rasch ihre Briefe.
The women immediately followed him, rushed to him,
caressed him and quickly finished their letters.

3.1 Dann verließen alle drei gemeinschaftlich die Wohnung, was sie schon seit Monaten nicht getan hatten, und fuhren mit der Elektrischen ins Freie vor die Stadt.

Then all three of them left the apartment together, something they hadn't done for months, and took the electric car outside the city.

3.2 Der Wagen, in dem sie allein saßen, war ganz von warmer Sonne durchschienen.

The car, in which they sat alone, was bathed in warm sunshine.

3.3 Sie besprachen, bequem auf ihren Sitzen zurückgelehnt, die Aussichten für die Zukunft, und es fand sich, daß diese bei näherer Betrachtung durchaus nicht schlecht waren, denn aller drei Anstellungen waren, worüber sie einander eigentlich noch gar nicht ausgefragt hatten, überaus günstig und besonders für später vielversprechend.

Leaning back comfortably in their seats, they discussed the prospects for the future, and it turned out that, on closer inspection, they were not bad at all, for all three jobs were extremely favorable and especially promising for later, although they had not actually asked each other about them.

3.4 Die größte augenblickliche Besserung der Lage mußte sich natürlich leicht durch einen Wohnungswechsel ergeben;

The greatest immediate improvement in the situation was, of course, bound to come easily from a change of residence;

sie wollten nun eine kleinere und billigere, aber
besser gelegene und überhaupt praktischere
Wohnung nehmen, als es die jetzige, noch von Gregor
ausgesuchte war.

3.5

they now wanted to take a smaller and cheaper, but better
situated and generally more practical apartment than the
present one, which Gregor had still chosen.

Während sie sich so unterhielten, fiel es Herrn
und Frau Samsa im Anblick ihrer immer lebhafter
werdenden Tochter fast gleichzeitig ein, wie sie in
der letzten Zeit trotz aller Plage, die ihre Wangen
bleich gemacht hatte, zu einem schönen und üppigen
Mädchen aufgeblüht war.

3.6

While they were talking like this, it occurred to Mr. and
Mrs. Samsa almost simultaneously, looking at their
increasingly lively daughter, how she had blossomed into
a beautiful and voluptuous girl in recent times, despite all
the pains that had made her cheeks pale.

Stiller werdend und fast unbewußt durch Blicke
sich verständigend, dachten sie daran, daß es nun
Zeit sein werde, auch einen braven Mann für sie zu
suchen.

3.7

Becoming quieter and communicating almost
unconsciously through glances, they thought that it would
now be time to look for a good man for her too.

Und es war ihnen wie eine Bestätigung ihrer neuen
Träume und guten Absichten, als am Ziele ihrer
Fahrt die Tochter als erste sich erhob und ihren
jungen Körper dehnte.

3.8

And it was like a confirmation of their new dreams and
good intentions when, at the end of their journey, their
daughter was the first to rise and stretch her young body.

Möwenstein Books

www.mowenstein.com

Renowned Authors

H. G. Wells · Ernest Hemingway
H. P. Lovecraft · Lewis Carroll
Franz Kafka · Friedrich Nietzsche
Albert Einstein · Oscar Wilde
Hans Christian Andersen

Notable Works

Frankenstein · Alice in Wonderland
Heart of Darkness · The Great Gatsby
Siddhartha · The Metamorphosis
Thus Spoke Zarathustra

Translation Services

We offer translation services in various languages, including German, Spanish, Chinese, Korean, Arabic, and more. For custom translations or revisions, please contact us at:

Email: translation@mowenstein.com

Our Collections

Franz Kafka Collection

- The Metamorphosis / Die Verwandlung
- The Trial / Der Prozess
- The Castle / Das Schloss
- and many more...

Pakt mit dem Teufel

- Faust Parts I & II by Johann Wolfgang von Goethe
- Doctor Faustus by Christopher Marlowe

Portraits of Irishmen

- The Picture of Dorian Gray by Oscar Wilde
- A Portrait of the Artist as a Young Man by James Joyce

Children's Classics

- Winnie-the-Pooh / Pu der Bär
- Brothers Grimm Fairy Tales
- Fairy Tales Told for Children
    - Author: Hans Christian Andersen

Visit Us

At Möwenstein Books, we are committed to providing high-quality bilingual editions of classic works. Explore our collections and discover more titles across various genres and languages.

Website: www.mowenstein.com